Katrin Zita

Die Kunst, allein zu reisen

Katrin Zita

Die Kunst, allein zu reisen

und bei sich selbst anzukommen

GOLDEGG VERLAG

Der Verlag und seine Autorin sind für Reaktionen, Hinweise oder Meinungen dankbar. Bitte wenden Sie sich diesbezüglich an verlag@goldegg-verlag.com.

Der Goldegg Verlag achtet bei seinen Büchern und Magazinen auf nachhaltiges Produzieren. Goldegg Bücher sind umweltfreundlich produziert und orientieren sich in Materialien, Herstellungsorten, Arbeitsbedingungen und Produktionsformen an den Bedürfnissen von Gesellschaft und Umwelt.

Gedruckt nach der Richtlinie des Österreichischen Umweltzeichens „Druckerzeugnisse“, Druckerei Theiss GmbH, Nr. 869

FSC
www.fsc.org
MIX
Papier aus verantwortungsvollen Quellen
FSC® C012536

ISBN Print: 978-3-902903-85-3
ISBN E-Book: 978-3-902903-99-0

Friedrichstraße 191 • D-10117 Berlin
Telefon: +49 800 505 43 76-0

Goldegg Verlag GmbH, Österreich
Mommsengasse 4/2 • A-1040 Wien
Telefon: +43 1 505 43 76-0

E-Mail: office@goldegg-verlag.com
www.goldegg-verlag.com

Layout, Satz und Herstellung: Goldegg Verlag GmbH, Wien
Druck und Bindung: Theiss GmbH

Wort sei Dank – Worte des Danks

Katharina Zita, meine Großmutter, hat mich die große Freude am Spiel mit *Worten* gelehrt. Sie verstarb, als ich dreieinhalb Jahre alt war und ich erinnere mich gut daran, wie sie mir zuvor streng und zugleich liebevoll *Wort für Wort* die Welt erklärte.

Meine Eltern, Gertraude und Werner Zita, und der liebe Rest meiner Familie sowie meine Freunde in Wien, Berlin und überall auf der Welt: Sie alle haben mich von Anfang an und bis zum guten Ende mit viel Herz begleitet; mit *Worten* und Taten!

Andreas Salcher, Bestsellerautor und wertvoller Austauschpartner zum Thema Literatur, stellte vor zwei Jahren mit sicherer Stimme fest: „Katrin, du schreibst ein Buch!" Er schenkte mir mit den *Worten* „Die Kunst, allein zu reisen" den ersten Teil meines Buchtitels.

Gerald Schantin, Buchexperte und Präsident des Hauptverbands des Österreichischen Buchhandels, gab mit seiner Erfahrung und Motivation den Ausschlag, dass ich dieses Buch verwirklichte. Er sprach in der Wiener Wollzeile die motivierenden *Worte*: „Schreiben's das Buch, das klingt interessant. Werden's sehen, das wird gelesen!"

Maria Schlager-Krüger, meine Lektorin, führte mich professionell und herzlich durch den Prozess des Buchschreibens und besprach mit mir die Wahl meiner *Worte*: „Erzähl mehr von dir selbst! Die Menschen lesen gern Persönliches von einem Autor."

Verena Minoggio-Weixlbaumer, Leiterin des Goldegg Verlags, formte mit viel Herz und gemeinsam mit der Grafikabteilung das wunderschöne Herz für das Buchcover, denn: Ein Bild sagt mehr als tausend *Worte*!

Es war für mich wunderbar, diese tolle Unterstützung und Begleitung auf meinem Weg für „Die Kunst, allein zu reisen und bei sich selbst anzukommen" zu haben – danke!

Inhaltsverzeichnis

Einleitung

Es ist der 24. Dezember und ich blicke über den Rand meines Laptops auf die Skyline von Manhattan. Ich habe mich für diesen besonderen Ort, einem Melting Pot der Kulturen, entschieden, um die ersten Zeilen für dieses Buch zu schreiben und Ihnen authentisch über „Die Kunst, allein zu reisen und bei sich selbst anzukommen“ zu erzählen. Mein Ziel, das mir sehr am Herzen liegt, ist es, Sie zu inspirieren und Ihnen Mut zuzusprechen, damit Sie sich mit Leichtigkeit zur schönsten Entdeckungsreise Ihres Lebens aufmachen und gut bei sich selbst ankommen!

Ich bin immer schon gern gereist. In den vergangenen sieben Jahren am liebsten nur mit mir. Nein, besser formuliert: ganz mit mir! Der Unterschied dieser beiden Formulierungen spiegelt den Prozess meiner eigenen Persönlichkeitsentwicklung wider. Ich fühle mich heute rund um wohl und bei mir angekommen; weil ich immer wieder auszog, um die Welt und zugleich mich selbst zu entdecken. In diesen sieben Jahren habe ich mich auch erfolgreich dem gesellschaftlichen Tabu widersetzt, wonach Alleinreisende einsam sind. Die vielen interessierten Fragen und das positive Feedback von Freunden und Bekannten zu diesen Reisen mit mir allein und meinem rasanten Weg der Selbstverwirklichung gaben den Ausschlag, diese Erfahrungen in einem Buch festzuhalten – damit Sie sich mühelos und unkompliziert ebenfalls auf die Reise zu sich selbst machen können. Dazu öffne ich mich und heiße Sie in meiner Lebens- und Gedankenwelt herzlich willkommen. Ein nicht einfacher Prozess für mich, einem hochsensitiven Menschen. Aber ein Prozess, der sich lohnt, wenn ich daran denke, dass dieses Buch Ihnen hoffentlich den Weg zu vielen glücklichen Momenten auf Ihrer Lebensreise eröffnet!

Als Coach weiß ich, wovon ich spreche: Veränderungen finden durch jeden neuen Impuls statt. Sie können sich aussuchen, wie Sie diesen Prozess gestalten wollen: in endlosen Therapiesitzungen und voller Rückblicke in die Vergangenheit, in denen Trauer und Schmerz im Mittelpunkt stehen. Oder – und dieser Weg macht Schritt für Schritt immens viel Spaß – Sie entdecken mit Freude und Leichtigkeit genau die Dinge, die auf dieser Welt speziell auf Sie warten. Im Zuge dessen überwinden Sie Ihre persönlichen Ängste, bereisen die Welt in Ihrem Rhythmus und Tempo und nach Ihren Vorlieben und Ihrem Geschmack. Nach dem Lesen dieses Buches haben Sie nicht nur die Welt entdeckt, sondern auch Souvenirs wie Selbstvertrauen, Selbstsicherheit und Selbstliebe sowie Entscheidungs- und Durchsetzungskraft im Gepäck.

Die Entscheidung, dieses Buch zu schreiben, hat meine Kreativität geweckt: Nach eingehenden Recherchen über das vorhandene Angebot an Lektüre zum Thema „Alleinreisen" stellte ich fest, dass zwar bereits eine Vielzahl an Literatur zu diesem Thema vorhanden ist. Doch weder im deutschsprachigen Raum noch in englischer Sprache fand ich ein Buch, das dieses Allein-Unterwegs-Sein in Verbindung mit dem dabei möglichen Prozess der Persönlichkeitsentwicklung in den Fokus stellte. Mein persönliches Ziel war somit schnell gefunden: Ich habe für Sie in diesem Buch meine Professionen als Reisejournalistin und Coach verwoben, um Ihnen eine unkomplizierte und zugleich wirkungsvolle Anleitung für Ihr Selbstcoaching auf Reisen zu bieten, strukturiert und für Sie leicht umsetzbar. Als Mentaltrainerin, Lebensberaterin und Psychosozialer Coach für Hochbegabte ist es mir ein Anliegen, dass Persönlichkeitsentwicklung kein Privileg weniger Fachleute ist. Mit „Der Kunst, allein zu reisen und bei sich selbst anzukommen" erlernen Sie, wie Sie sich selbst effizient und mit viel Lebensfreude coachen können. Sie werden sich weiterentwickeln, versprochen! Nicht in stickigen Seminarräumen, sondern mit einer frischen Brise Freiheit in der Nase!

Jede Reise besteht aus dem Aufbrechen, dem Zurücklegen eines Weges und dem Ankommen. Dieses Buch ist ebenfalls wie eine Reise angelegt und am wirkungsvollsten, wenn Sie es von Anfang an und bis zum Ende lesen: In den ersten Kapiteln stehen Aspekte im Vordergrund, die im Zuge des Aufbruchs zu einer Reise bewegen und beschäftigen. „Vom Reiseziel zu Ihrem Lebensziel" zeigt Ihnen beispielsweise, wie sehr diese beiden Ziele miteinander in Verbindung stehen. Der Mittelteil dieses Buches und Kapitel wie „Der Wert des eigenen Weges auf Reisen" werden Sie gedanklich bei Ihrem Unterwegs-Sein stärken und unterstützen. Zur Belohnung erwarten Sie am Ende Ihrer Lese- und Lebensreise mit „Von A–Z: Ihre Souvenirs sind nun komplett!" die wunderbaren Mitbringsel Ihrer Selbstverwirklichung auf Reisen.

Dieses Buch ist aber auch ein Kompendium: Je nach Interesse können Sie mit jedem Kapitel beginnen. Sollte es Sie brennend interessieren, wie Sie auf Reisen lästigen Gewohnheiten zu Leibe rücken können, dann schlagen Sie gleich „Vom Raucher zum Nichtraucher: Loslassen auf Reisen" auf. Oder ist es für Sie unvorstellbar, unterwegs und allein zu Abend zu essen? Dann blättern Sie nach dieser Einleitung zum Kapitel „Das ‚Dinner for One' als Highlight Ihrer Reise". Sind Sie jedoch zuallererst um Ihre Sicherheit besorgt, ist „Das Leben unterwegs: sicher ist sicher" für Sie genau richtig.

Zu Beginn jedes Kapitels erzähle ich aus meinem eigenen und sehr persönlichen Erfahrungsschatz; nicht aus selbstdarstellerischen Gründen, sondern weil ich Ihnen wie eine gute Freundin – ehrlich und offen – von meinem Allein-Unterwegs-Sein berichten möchte. Sie werden auf den nächsten Seiten lesen, was ich auf meinen diversen Reisen in Europa, Afrika, Nord- und Südamerika und Asien erlebt und welche Erfahrungen ich gemacht habe. Vor allem werden Sie eines in diesem Buch finden: Inspirierende Anregungen und praktische Tipps, damit Ihnen diese Reise mit und zu sich selbst so richtig Spaß und Freude bereitet! Sie werden erfahren, was für ein bereicherndes Kapitel Ihres Lebens es sein kann, sich auf diesem Weg kennenzulernen.

Ich wünsche Ihnen schöne Stunden beim Lesen, wie sich das Alleinreisen mühelos und erfolgreich verwirklichen lässt und zu einer wahren Kunst im Prozess Ihrer eigenen Selbstverwirklichung wird!

Geschrieben in New York, an einem kalten und zugleich sonnigen Dezembertag.

Kapitel 1
SELBSTERKENNTNIS: WAS IHNEN DIESES BUCH SCHENKEN KANN

Unsere Suche nach dem Sinn

„Wir verlangen, das Leben müsse einen Sinn haben – aber es hat nur ganz genau so viel Sinn, als wir selber ihm zu geben im Stande sind."
(Hermann Hesse)

Wenn Ihr Leben eine Reise wäre, wo würden Sie ankommen? Welches Ziel wartet auf Sie? Wer begleitet Sie auf Ihrem Lebensweg? Und wann ist es besser für Sie, Schritte ganz allein zu gehen?

Wir leben unser Leben vorwärts, unser Verstehen findet oftmals rückwärts statt. Was wäre, wenn Sie an Ihrem Lebensende angelangt sind und zurückschauen? Haben Sie an den wichtigen Weggabelungen des Lebens die richtigen Abzweigungen genommen?

Es war ganz unspektakulär: Ich lachte. An einem ganz normalen Arbeitstag lachte ich, einfach so. Bis ganz tief in meinen Bauch hinein konnte ich dieses befreiende Kribbeln und Beben spüren. Es war herrlich unkontrollierbar, erfrischend erlösend und zutiefst befriedigend. Ich weiß nicht mehr, mit wem ich lachte. Auch nicht mehr den Grund, der mich zum Lachen brachte. Ich weiß nur, dass mich nach diesem Lachen eine Welle unfassbarer Traurigkeit umspülte. Ich musste schnell hinaus aus dem Büro. Auf der Toilette ließ ich kaltes Wasser über meine Handgelenke fließen und starrte in den Spiegel. Was hatte mich so erschüttert?

Es war die Erkenntnis, dass ich mehr als ein halbes Jahr lang nicht gelacht hatte. Mehr als sechs Monate lang hatte ich nicht dieses tiefe Gefühl der Freude und des Glücks eines Augenblicks empfunden. Tränen rannten über mein Gesicht, das Schluchzen kam langsam, setzte sich fort und war kaum zu stoppen.

Ich überlegte: Wenn ich 80 Jahre alt werden würde, dann hatte ich zu diesem Zeitpunkt ein Hundertsechzigstel meines Lebens verpasst, glücklich zu sein. Wenn ich mein Leben in Sommereinheiten bemessen würde, dann war einer davon vergangen, ohne dass ich Leichtigkeit verspürt hatte. Auf welchem Weg war ich bloß? Wo sollte mich das verdammt noch einmal hinführen? War es das, was ich für mein Leben gewollt hatte?

Nach außen hin hatte ich Karriere gemacht. Mein Gehalt war hoch bemessen, ich konnte mir materielle Dinge leisten, die mir Spaß bringen sollten. Meine Position war nicht in der obersten Führungsebene, aber ich hatte verantwortungsvolle Aufgaben über, in denen ich mich beweisen konnte. Und das tat ich. Mit einem hohen Maß an Perfektionismus. Dieser Perfektionismus brachte mich auf einen Weg, den ich heute als verkrampft und unzufrieden beschreiben würde: Ich ärgerte mich damals über alles, was nicht so lief wie erwartet. Ebenso ärgerte ich mich oftmals über Menschen und deren Handlungen, die nicht meinem Weltbild entsprachen. Der Preis dafür war hoch: Ich nahm das Leben viel zu ernst und zu vieles persönlich.

Sie werden sich vielleicht fragen: Und in dieser Zeit gab es ein halbes Jahr lang wirklich nichts zu lachen? Natürlich habe ich gelacht, nach außen hin. Was mir jedoch abhanden gekommen war, war dieses leidenschaftliche Lachen, mit voller Hingabe an den Moment; bei dem nichts anderes zählt als dieses Gefühl, mit jeder Faser des Körpers zu fühlen. Dieses „echte" Lächeln und Lachen, das der Wissenschafter Stefan Klein in seinem Buch „Die Glücksformel" mit der Kontraktion des Augenringmuskels beschreibt. Dies kann nicht willentlich gesteuert werden. Deshalb werden diese Kontraktionen auch gern als „die süßen Gemütsbewegungen der Seele" bezeichnet.

Dieser für mich so erschütternde Moment ist sieben Jahre her. Und hat alles verändert. Ich habe die richtige und vielleicht wichtigste Abzweigung auf meiner Lebensreise erkannt und mich auf den Weg zu mir selbst und meinem Glück gemacht. Zu dieser Zeit sang Xavier Naidoo: „Dieser Weg wird kein leichter sein, dieser Weg wird steinig und schwer. Nicht mit vielen wirst du dir einig sein, doch dieses Leben bietet so viel mehr." So war es auch. Es war nicht leicht, eine neue Richtung einzuschlagen, und es gab viele Momente der Unsicherheit. Ich war mir auch nicht mit vielen meiner Mitmenschen einig. Nur wenige verstanden damals, was in mir vorging. Deshalb beschloss ich, dass es besser war, meinen Weg eine Zeit lang allein zu beschreiten.

Heute bin ich erfolgreich: Ich bin reich daran, dass die Dinge so erfolgen, wie ich sie mir vorstelle, plane und umsetze. Das ist ein kleiner, aber feiner Unterschied. Einer, der mich damals vom Unglück trennte, mich auf die Suche nach meinem Lebenssinn gehen ließ und mir eine Vielzahl an interessanten und bereichernden Reisen schenkte.

Der Sinn des Lebens! Viele von uns sind auf der Suche danach. Zumeist in Zeiten von Krisen verlangen wir drängend Antworten darauf. Burnout-Erkrankungen, berufliche Frustrationen und private Enttäuschungen: Das alles sind Situationen, in denen sich unser Leben anfühlt, als ob wir daran vorbeileben. Jeder von uns ist sich selbst gegenüber verantwortlich. Wir tragen die Eigenverantwortung für eine sinnvolle Erfüllung unseres Lebens.

Doch was hat es nun mit dem Sinn des Lebens wirklich auf sich? Warum können wir nicht einfach dahinleben, ohne ihm auf den Grund zu gehen? Unser Leben sinnvoll zu gestalten ist die Wurzel, die uns zu unserem Sein führt. Dieses ureigene Sein unserer Persönlichkeit ist wiederum die Triebfeder, die uns weiter voranbringt. Wenn wir sie erkennen und damit umzugehen wissen, hören wir auf, Umwege zu machen und erhalten Klarheit darüber, was unser Lebensweg für uns bereithält.

Unsere persönliche Reife ist das Ergebnis der Erfahrungen, von denen unser bisheriges Leben geprägt wurde. Damit wir uns dieser Erfahrungen positiv bewusst werden, bedarf es immer wieder einer Zeit der Zurückgezogenheit und Ruhe. Gibt es diese Phasen bereits in Ihrem Leben oder wollen Sie sich selbst zukünftig mehr Zeit dafür schenken? Dies lässt sich schlecht im lärmenden Alltag und in der gewohnten Umgebung bewerkstelligen. Wagen Sie also eine Auszeit oder einen Ortswechsel.

Nach dem Gesetz der Polarität brauchen wir nach jeder Zeitspanne betriebsamer Tätigkeit und intensiven Austauschs mit anderen wieder eine ruhigere Phase, in der wir uns mehr um uns selbst kümmern. Dies gelingt mir am besten, wenn ich ganz für mich allein bin. Es ist mir wichtig, den Moment ganz bewusst wahrzunehmen und mich so weit wie möglich von äußeren Einflüssen und Beeinflussungen durch andere abzuschirmen. Es bedarf Mut, die Konfrontation mit mir selbst willkommen zu heißen. Diese Form der Selbstbesinnung verlangt, dass ich auf dem Weg, den ich mit anderen gemeinsam beschritten habe, innehalte und mich auf mich selbst konzentriere. Was bewegt mich derzeit? Wo stehe ich mir selbst im Weg? Wohin sollen mich meine nächsten Schritte im Leben führen? Viel Freude macht mir die Reflexion meiner Erlebnisse und meine Fokussierung auf Zukünftiges, wenn ich mich an neue Orte begebe, also nicht in meiner gewohnten Umgebung bin. Für mich ist dies ein Gefühl, als ob ich einen Berg besteige und auf mein Leben hinabblicken würde. So ist es viel schneller möglich, einen Überblick zu erhalten.

Jeder Mensch sollte irgendwann im Leben lernen, allein zu sein. Solange wir es auf unserem Entwicklungsweg noch nicht gelernt haben, allein und ganz auf uns selbst gestellt zu sein, bleiben wir abhängig. Die Menschen rund um mich bewundern oftmals mein großes Maß an Freiheit. Ich glaube, dass Freiheit entsteht, wenn wir unser Denken frei machen und indem wir allein und unabhängig sein können. Denn ein abhängiger Mensch ist und bleibt auch in einem bestimmten Umfeld gefangen. Er verliert seine Fähigkeit, den eigenen Lebensraum konstruktiv und selbstbestimmt zu erweitern. Doch genau hierin liegt unsere Lebensaufgabe, der eigentliche Sinn unseres Lebens: Das eigene Leben in voller Eigenverantwortung in die Hand zu nehmen und nach den eigenen Wünschen zu gestalten.

Eine Reise mit sich allein spiegelt im Kleinen das große Potential wider, das wir aus uns selbst und aus der mit uns allein verbrachten Zeit gewinnen können: Klarheit, Mut und Raum für neue Ideen, was wir mit unserem Leben erreichen wollen. Neue Ziele stellen sich ganz von selbst ein.

Neue Wege wollen beschritten, neue Herausforderungen gemeistert und deren Handlungsschritte erprobt werden. Einfach, um auf dem eigenen Lebensweg weiterzukommen. Kein Sich-im-Kreis-Drehen mehr. Keine Extrarunde, in der mehr vom Gleichen geschieht, sondern konstruktiv der eigene Sinn im Leben erforscht und nach der Rückkehr aus dem Urlaub auch umgesetzt wird. Wie heißt es so schön? „Träume nicht dein Leben, lebe deine Träume."

Indem Sie dieses Buch in Händen halten, haben Sie sich bereits der Möglichkeit geöffnet, bei sich selbst anzukommen und schenken mir zugleich etwas ganz Besonderes: Sie teilen mit mir den Sinn meines Lebens. Dieser ist es, Erkenntnisse zu gewinnen, Zusammenhänge verstehen zu lernen und diese an andere weiterzugeben und zu teilen. In schriftlicher oder mündlicher Form und verpackt in eine Sprache, die motiviert und fröhlich stimmt. Bereits seit meiner Kindheit ist es mein Traum, ein Buch zu schreiben. Dass ich mein Ziel, Autorin zu werden, erreicht habe, freut mich ungemein. Das Schreiben an diesen Seiten zaubert mir ein Lächeln ins Gesicht und stimmt mich fröhlich. Und wenn Sie ab und an beim Lesen dieses Buches ein Schmunzeln und eine Selbsterkenntnis – oder das eine aufgrund des anderen – haben, dann hat es einen doppelten Sinn, dass ich mich allein auf diese Reise zu meinem Lebenssinn gemacht habe. Und ich darf Sie nun mit diesem Buch auf Ihrer ganz persönlichen und individuellen Entdeckungsreise begleiten.

Allein auf Reisen – Ihr Selbstcoaching unterwegs

„Der beste Weg, einen Freund zu haben, ist der, selbst einer zu sein.“
(Ralph Waldo Emerson)

Warum muss dieses Sich-selbst-Finden so furchtbar anstrengend sein? Gibt es dafür nichts Besseres als wöchentliche Therapiesitzungen oder den x-ten Esoterik-Workshop am Wochenende? Und ob!, kann ich hier voller Freude entgegnen. Ich möchte Ihnen zeigen, wie dies mit Leichtigkeit, Lebensfreude und an den unterschiedlichsten Orten auf dieser Welt möglich ist. Zwar gilt es dabei, sich dem gesellschaftlichen Tabu – demnach allein Reisende einsam sind – zu widersetzen. Doch Sie sind nicht wirklich allein, denn Sie haben mich ja mit diesem Buch mit dabei im Gepäck Ihrer Lebensreise. Ich bin dafür da, Ihnen Mut zu machen und neue Wege zu eröffnen. Tja, und welches Ziel steuern wir gemeinsam an? Ein ganz klar definiertes und sicherlich für jeden von uns erstrebenswertes: Wir brechen gemeinsam auf und lassen das Gefühl des Alleinseins hinter uns, um am Ende dieses Buches zu erkennen, dass dieses Auf-Reisen-allein-Sein zum „All-eins-Sein“ führen kann.

„Die Kunst, allein zu reisen und bei sich selbst anzukommen“: Dieser Titel hat Sie offensichtlich neugierig gemacht. Fein, das war der Sinn des Ganzen! Sie erhalten in diesem Buch den Schlüssel zur abwechslungsreichsten und interessantesten Art des Selbstcoachings. Für jede Frau und jedermann. Für jede Art der Reise und für jede Lebenslage. Für ein paar Tage oder auch Wochen. Nur ein paar Kilometer weit von Ihrem Heim entfernt oder am anderen Ende der Welt. In purem Luxus badend oder asketisch reduziert.

Ganz egal, wofür Sie sich entscheiden: Das Wichtigste dabei sind Sie! Doch es gibt etwas, das Sie dafür tun müssen. Es ist das Einzige, aber auch das Wichtigste, das Sie zu dieser Art der Persönlichkeitsentwicklung beitragen müssen: Sie müssen sich „nur" mit sich selbst auf den Weg machen.

Vor allem Frauen stehen dem Allein-auf-Reisen-Gehen oft mit mehr Skepsis gegenüber als Männer. Dabei hat sich in den vergangenen Jahren der Emanzipation einiges getan: Business-Women führen Hunderte Mitarbeiter und das Gespräch bei weltweiten Telefonkonferenzen. Mütter fahren mit dem Wagen und ihren Kindern zig Kilometer selbst, verwenden Navigationsgeräte und benutzen Smartphones als kleine Helferlein für die tägliche Selbstorganisation. Zwei Frauen aus meinem nächsten Umfeld möchte ich Ihnen als Vorbilder nennen: Die eine hat ein beruflich orientiertes Jahr in den USA genutzt und in ihrer Freizeit ganz auf sich selbst gestellt Nordamerika entdeckt – inklusive einer überraschenden Autofahrt inmitten der Motorradgang „Hells Angels". Die andere bewundernswerte Frau hat mit knapp fünfzig Jahren und nach dem Tod ihres geliebten Lebensgefährten die Erkenntnis gewonnen, dass sie diesen Verlust nur auf einer allein unternommenen Reise innerlich gut verarbeiten kann. Sie machte sich entschlossen und mutig erstmals ohne Begleitung auf und reiste vier Wochen lang durch den Vietnam.

Und wie ist dies bei Männern? Das starke Geschlecht räumt gedankliche Hemmnisse zumeist leichter aus dem Weg: Abenteuergeist wird seit jeher als männliche Charaktereigenschaft angesehen. Was sollte also einer Reise, die ganz auf sich selbst konzentriert ist, noch im Weg stehen? Hinein ins Scheinwerferlicht des Lebens mit Ihnen! Um Sie soll sich nicht nur der Inhalt dieses Buchs, sondern am besten gleich die ganze Welt drehen!

Wer ist Ihr bester Freund, Ihre beste Freundin? Wer ist Ihr bester Ratgeber? Wer ist immer für Sie da, wenn Sie jemanden brauchen? Wer steht Ihnen in jeder Lebenslage bei? Auf wen können Sie sich hundertprozentig verlassen?

So unterschiedlich wir Menschen sind, die Antwort sollte für jeden von uns gleich ausfallen. Von uns allen sollte der beste Freund jemand sein, der 24 Stunden täglich und an sieben Tagen der Woche für uns da ist. Jemand, der uns ganz genau kennt und alles von uns weiß. Ein Mensch, dem wir vertrauen können, weil er es gut mit uns meint. Kennen Sie diesen Menschen schon? Ja, genau – das sind Sie!

Es ist eine wahre Kunst, sich selbst so zu behandeln wie eine andere geliebte Person, denn oftmals fordern wir von uns selbst mehr an Leistung als von anderen. Eines der (Reise-) Ziele auf dem eigenen Lebensweg könnte sein, sich selbst eine noch respekt- und liebevollere Behandlung zu schenken. Wie würden Sie Ihre beste Freundin oder Ihren Kumpel behandeln? Vermutlich würden Sie sie oder ihn unterstützen und motivieren. Sie würden anderen Fehler verzeihen. Doch verzeihen Sie auch sich selbst? Manchmal kann es passieren, dass ein Mensch sich selbst im Laufe seines Lebens zu seinem ärgsten Feind macht.

Wer sind Sie? Sie sind täglich 24 Stunden lang und rund um die Uhr mit sich selbst unterwegs. Sie müssen all Ihre Launen, Tiefpunkte und Höhepunkte durchstehen. Geben Sie sich selbst und den Herausforderungen des Lebens die Beachtung, die Sie verdienen? Dabei wissen Sie sicherlich auch selbst, wie gut es ist, wenn jemand anderer uns aufbaut, liebt und unterstützt. Dieser Seelenbalsam tut einfach gut.

Lassen Sie uns diese Frage in den Fokus unserer Reise stellen: Kennen Sie sich selbst bereits gut genug? Oder wollen Sie sich noch besser kennenlernen und Ihre geheimsten Träume und innigsten Sehnsüchte entdecken? Dann machen wir uns auf den Weg zu Ihrer Selbstverwirklichung unterwegs, *andiamo*!

Coaching ist eine moderne Methode, Menschen dabei zu unterstützen, ihre Kräfte zu aktivieren, um sich selbst zu helfen und auf eigene Lösungen zu kommen. Ich selbst mag den Ansatz des lösungsorientierten Kurzzeitcoachings. Es freut mich immer wieder zu sehen, wie meine Klienten mit meiner Begleitung in kurzer Zeit Klarheit und ihre eigene Handlungsfähigkeit erhalten. Sie gestalten im Weiteren ihr Leben noch mehr nach ihren eigenen Vorstellungen und erzielen Erfolge in privaten und beruflichen Bereichen. Coaching ist und soll jedoch kein Privileg weniger Fachleute sein. Mit „Der Kunst, allein zu reisen und bei sich selbst anzukommen“ erhalten Sie die Befähigung, sich selbst zu coachen. Sie werden sich weiterentwickeln: Nicht in stickigen Seminarräumen, sondern mit einer frischen Brise Freiheit in der Nase!

„Reisen veredelt den Geist und räumt mit allen unseren Vorurteilen auf“, schrieb bereits Oscar Wilde. Der weltbekannte Schriftsteller wusste, wovon er sprach. Bücher sind wunderbare Reisebegleiter, sie entführen uns in andere Welten, geben Einblicke und bereichern durch neues Wissen. Und dies alles mit einer stillen Zurückhaltung, die auf einer allein unternommenen Reise so guttut. Für mich sind Bücher auch Ratgeber, also Austauschpartner, wenn ich Fragen an mich selbst stelle und mein Leben infrage stelle. Um gut auf meinem Lebensweg voranzukommen.

Ganz bei sich sein ist ein Gefühl, das vorwiegend in Momenten der Ruhe eintritt. In diesen Phasen lässt es sich am besten in sich selbst hineinhorchen. An einem schönen Platz eine Tasse Tee ganz für sich allein trinken, ohne gleichzeitig eine Zeitung oder ein Magazin zu überfliegen. Eine Entspannungstechnik üben, Tagebuch schreiben oder einfach einmal ins gute alte „Narrenkastl“ starren. All dies trägt zu einer tiefen Verbindung mit dem eigenen Ich bei. Am besten sollten solche angenehm kreierten Situationen als

Ideen für den Alltag mit nachhause genommen werden. Die Regelmäßigkeit solcher Rituale kann zu einer entlastenden Funktion im täglichen Leben werden.

Für Ihr Selbstcoaching unterwegs besteht eine wichtige Fähigkeit darin, sich selbst wohlwollend und zugleich realistisch wahrzunehmen. Dies sollten Sie immer wieder üben, ein Leben lang. Sich selbst wahrzunehmen bedeutet, die eigenen Gefühle zu spüren. Es gilt einzuordnen, was uns froh stimmt und erfüllt, und auch was ärgert, nervt oder wütend macht. Diese Wahrnehmung führt zu einer weiteren Erkenntnis, nämlich zur Chance der Beobachtung, welche automatisch ablaufenden Denkmuster diese Gefühle in uns auslösen.

Auf Reisen mit sich selbst und allein ist klar und ungeschminkt wahrnehmbar, welche körperlichen Empfindungen uns signalisieren, ob unsere Verhaltensmuster und der eigene Lebensstil gesund für uns sind. Die Zeit und Ruhe, die Konzentration auf sich selbst sind wertvolle Gaben für die Selbstbeobachtung. Das eigene Unterbewusstsein äußert sich nämlich selten an stressigen Tagen und in Zeiten, in denen wir uns wie im Hamsterrad fühlen.

Ich selbst gehe seit über sieben Jahren gern und oft mit mir selbst auf Reisen und habe Eindrücke in über 50 Ländern gesammelt. Im Kloster und im bunten Treiben Indiens sowie am „Platz der Gaukler" in Marrakesch. Bei Kuraufenthalten in Österreich und Deutschland und auf Sport-, Shopping- und Bildungsreisen in Skandinavien und den USA. Ich werde Ihnen verraten, wie sich das Alleinreisen in unterschiedlichen Situationen mühelos und erfolgreich verwirklichen lässt und zu einer wahren Kunst im Prozess der eigenen Persönlichkeitsentwicklung werden kann. Im Zuge meiner Ausbildung zum Psychosozialen Coach für Hochbegabte wurde im vergangenen Jahr einerseits meine eigene Hochbegabung festgestellt und in den Fokus gerückt.

Ich bin mir sicher, dass ich viele meiner Begabungen auf meinen Reisen geschult und weiterentwickelt habe.

Andererseits wurde mir durch dieses spezielle Wissen bewusst, dass die meisten von uns außerordentliche Begabungen und Fähigkeiten besitzen. Ich meine damit keine Hochbegabung im Sinne der althergebrachten IQ-Tests. Als besonders intelligent gilt dabei derjenige, der leicht seitenlange Texte und Informationen auswendig lernt oder in Sekundenschnelle die Wurzel aus einer Zahl ziehen kann.

Ich konzentriere mich – auch in meinen Coachings – auf die lebensnahen Begabungen meiner Klienten. Auf Reisen kann dies das Talent einer hohen räumlichen Intelligenz sein, das bedeutet gut querdenken und sich extrem schnell orientieren zu können. Oder die Begabung äußert sich als eine außerordentlich hohe Reaktionsschnelligkeit und Koordinationsgabe beim Autofahren, wenn kein ängstlicher Partner und Beifahrer den eigenen Fahrstil einschränkt. Zu guter Letzt schenkt eine emotionale Hochbegabung, also ein hohes Maß an sozialer Kompetenz, das leichte Anknüpfen von Freundschaften in aller Welt. All diese Fähigkeiten haben oft erst in einem Coaching oder eben auf allein unternommenen Reisen die Chance, zutage treten zu können.

Seien Sie somit gespannt, welche Hochbegabungen – also über dem Durchschnitt liegenden Begabungen – auf Ihren Reisen mit sich selbst sichtbar werden! Nach dem Lesen dieses Buches und bei der Heimkehr Ihrer Reise zu sich selbst haben Sie auf jeden Fall nicht nur die Welt weiter entdeckt, sondern auch Souvenirs wie Selbstvertrauen, Selbstsicherheit und Selbstliebe sowie Entscheidungs- und Durchsetzungskraft für Ihre Selbstverwirklichung in Ihrem Gepäck.

Vom Reiseziel zum Lebensziel

„Verstehen kann man das Leben nur rückwärts.
Leben muss man vorwärts."
(SÖREN KIERKEGAARD)

Vor einigen Jahren war ich persönlich an einem Punkt angekommen, an dem ich einen einfachen, fast banalen und zugleich mein ganzes Leben verändernden Wunsch an meine Zukunft hatte. In meinen außergewöhnlich interessanten Jobs in der Werbe- und Medienbranche war ich weit über die Grenzen des Üblichen engagiert. Dies zeigte sich deutlich an meinem Lebensrhythmus. Jeden Tag hieß es, früh am Morgen aufstehen. Oftmals die ganze Woche lang, sieben aufeinanderfolgende Tage. Mein persönlicher Rekord: Zwei Monate lang klingelte jeden Tag um sechs Uhr der Wecker – auch samstags und sonntags.

In den Nächten schlief ich zumeist unruhig, meine Gedanken drehten sich auch in meinen Träumen um berufliche Probleme und Entscheidungen. Tagsüber war ich arbeitsmäßig dauerhaft in einem rasanten Tempo unterwegs, das ich als unbeschreiblich einordnen würde. Und meine privaten Beziehungen litten unter der Fremdbestimmtheit durch meine Jobs: Ich sagte im letzten Moment aufgrund beruflicher Termine Urlaube mit Freunden ab, Einladungen zu einem Sonntagsbrunch oder Nachmittagskaffee musste ich ebenfalls zumeist ablehnen und außerhalb meiner Bürozeiten war ich zumeist zu erschöpft, um die Welt mit Neugier zu entdecken. Bewegung an der frischen Natur, lange und ausgedehnte Spaziergänge sowie Zeit zum Ausspannen und für gute Gespräche: Danach hatte ich große Sehnsucht. Ich fühlte mich damals wie in einem Hamsterrad eingesperrt und dadurch auch körperlich und geistig völlig starr. Meine locker fließende Kreativität, die mein Lebenselexier ist, war in dieser Zeit auf den Nullpunkt gesunken.

Als mir dies bewusst wurde, checkte ich im VIVA-Kurhotel ein, das am wunderschönen und kraftspendenden Wörthersee liegt. Eine Woche lang schlafen, wann und wie lange ich Lust hatte. Ich war im Paradies gelandet. So erschien es mir jedenfalls. In diesen sieben Tagen Aufenthalt glich ich mein Defizit an Schlaf aus. Mitte der Woche war ich wieder kraftvoller und geistig reger. Neue Gedanken formten sich in mir, dieses freudige Gefühl der zeitlichen Freiheit wanderte in meinem Kopf umher – und klar formulierte sich in mir ein Wunsch und somit eines meiner Lebensziele: Ich will durch keinen Wecker mehr geweckt werden, sondern genau dann aufwachen, wenn ich Lust habe aufzuwachen.

Diese Sehnsucht hat in Wahrheit mein gesamtes Leben auf den Kopf gestellt und mich dorthin gebracht, wo ich heute bin: Ich bestimme über meine Aufstehzeiten weitgehend selbst. Den Wecker stelle ich nur in Ausnahmefällen. Ausnahmen, über die ich selbst bestimme und für die ich gern das vom Wecker vorgegebene Erwachen in Kauf nehme. Meine Sehnsucht nach Selbstständigkeit bei der Wahl meiner Aufwachzeit hat mein Leben verändert: Mit einer sagenhaften Selbstverständlichkeit führte dies zu meiner Selbstständigkeit im Beruf.

Und nun verrate ich Ihnen den paradoxen Effekt, der das zeigt, was passiert, wenn man in seinem Leben am richtigen Platz und in der richtigen Rolle ist: Ich stehe gern frühmorgens auf! Das ist für mich die beste Zeit, um zu schreiben und meine Kreativität auszuleben. Aber eben nicht nach einem vorgegebenen Zeitplan und ohne Muss. Frei und leicht, das ist das Gefühl, das ich habe, während ich diese Zeilen an einem schönen Sommermorgen in Berlin schreibe. Die Terrassentür steht offen, ich höre, wie die Stadt erwacht und genieße den Fluss meiner Kreativität. Das große Geschenk, das ich mir durch die Verwirklichung dieses Lebensziels gemacht habe, ist, dass ich meinen ureigenen Biorhythmus lebe: Meine innere Uhr bestimmt und unterstützt meinen beruflichen und privaten Tagesablauf. Ich nutze mein bemerkenswertes Hoch an Konzentrations- und Leistungsfähigkeit, das mir die Morgenstunden schenken. Vor Mitternacht zu Bett gehen und ruhige Träume lassen mich am nächsten Tag und in der Zeit von fünf Uhr morgens bis mittags ganz in meine Aufgaben versinken und erlauben es meiner Kreativität, so richtig in Fluss zu kommen. Ohne Weckerläuten wache ich zumeist zeitig auf und mache mich freudig und ohne äußeren örtlichen und zeitlichen Zwang an die Arbeit. Befriedigt von den bereits zur Mitte des Tages erledigten Aufgaben, gönne ich mir danach zumeist eine Lunch-Pause mit Freunden oder Auftraggebern. Danach steht mein 15-minütiges Powernapping am Programm, um für die zweite Arbeitseinheit wieder Kraft zu tanken. Am späteren Nachmittag setze ich gern organisatorische Aufgaben um, also Tätigkeiten, die nach einem Plan ablaufen und nicht meiner kreativen Ader, sondern meinem strukturierten Denken bedürfen. Der Abend gehört meiner persönlichen Entspannung: Kein Kapitel dieses Buches ist in dieser Zeit entstanden. Dazu hätte mir um diese Tageszeit die Kreativität gefehlt. Wenn ich eine Idee hatte, habe ich sie mir notiert. Mittlerweile weiß ich, dass für das Einarbeiten neuer Ideen der nächste Morgen besser geeignet ist.

Das Wissen um meinen eigenen Biorhythmus schenkt mir Kraft, die ich für all meine anderen Ziele einsetze, weshalb ich mein Leben als immer erfüllter wahrnehme. Viele meiner Klienten erfahren ihre wahre Stärke erst, nachdem wir gemeinsam ihren Biorhythmus nach ihren kraftvollsten Momenten durchleuchtet haben und sie dieses Wissen nutzen. Plötzlich gehen zuvor langwierige Arbeiten leicht von der Hand, Projekte werden schneller abgeschlossen und gute Ideen fliegen mühelos zu.

Wie steht es mit Ihrer inneren Uhr? Hören Sie sie ticken? Kennen Sie bereits Ihren Rhythmus? Sind Sie am Morgen leistungsfähiger oder doch eher ein Abendmensch? Wenn Sie frei entscheiden könnten: Was würde bei Ihnen wann am Tagesprogramm stehen? Und wie unterscheidet sich Ihre persönliche Tagesagenda von dem Tagesprogramm, das Sie durch den Einfluss anderer leben? Wenn Sie auf einer Reise mit sich allein wären: Wann würden Sie aufstehen? Zu welchen Tageszeiten ist Ihnen nach Ruhe zumute? Wie sehr unterscheidet sich dieser soeben skizzierte Tagesablauf von Ihrem Alltag?

Hätte ich damals nicht in diesem Kurhotel am schönen Wörthersee in Kärnten gesessen, allein und in Ruhe mit mir, und in mich hineingespürt, was meine tiefste Sehnsucht ist, wäre diese Änderung meines Lebenskompasses nicht erfolgt. Ich hätte wahrscheinlich ewig so weitergemacht und eine der wichtigsten Neuorientierungen meines Lebens verpasst. Da ist es doch viel besser, sich auf dieses Selbstcoaching auf Reisen einzulassen, sein Innerstes zu erforschen und danach die ureigensten Ziele zu verwirklichen. Sein Leben so zu gestalten, wie es einem am Besten entspricht.

Wenn wir uns persönlich weiterentwickeln wollen, ist das Reisen sicherlich eine der besten Arten, sich – im wahrsten Sinne des Wortes – weiterzubewegen. Der Aufbruch in einen neuen Lebensabschnitt beginnt vor der Reise. Bereits während aller Vorbereitungen steht das Ziel im Fokus und alles Notwendige wird in die Wege geleitet. All unsere Energie richtet sich exakt auf dieses Ziel aus. Am Abreisetag wird der Startschuss gegeben, für eine Zeit außerhalb des alltäglichen Rahmens. Neuland wird betreten.

Beim Alleinreisen kommt die große Chance hinzu, dass Lebensziele in Angriff genommen werden können: Was will ich im Leben noch erreichen? Wohin soll mich mein weiterer Weg führen? Gibt es Dinge, Menschen, Orte, zu denen es mich innerlich immer schon hingezogen hat? Fühle ich innere Impulse, denen ich nicht nachgebe? Was sagen diese ersehnten Reiseziele über mich aus? Wie steht mein Reiseziel mit meinem innersten Lebensziel in Verbindung? Was kann ich dabei über mich selbst erkennen? Wohin tragen mich meine Wünsche, wenn ich diese unbeeinflusst von einem Reisepartner und ganz für mich allein formuliere? Was will *ICH* wirklich?

Dies alles passiert meist unbewusst. Die Zusammenhänge zeigen sich rückblickend in einer Klarheit, die einen selbst überrascht. Die Antworten können vielfältig ausfallen. Unterschiedliche Lebensphasen rufen auch unterschiedliche Wünsche hervor.

Wie steht es mit Ihnen? Was entspricht genau jetzt am meisten Ihren Bedürfnissen? Wohin soll der Weg, der zugleich auch das langersehnte Ziel sein wird, Sie tragen? Ist dies der Citytrip für ein Shopping-Weekend, mit dem Sie emotionale Sehnsüchte durch den Einkauf eines luxuriösen Lifestyles ausgleichen möchten? Vielleicht ist es aber auch der Kuraufenthalt, der Ihnen die Entspannung schenken soll, die im Alltag fehlt? Oder zieht es Sie nach Asien, weil Sie Ihr Weltbild ändern und neue Perspektiven finden möchten? Ein konträrer Kulturkreis wirkt dabei unterstützend. Vielleicht suchen Sie aber auch die Kargheit einer Wüste auf, um das Gefühl von selbst gewählter Reduktion und einzigartiger Stille zu erfahren. Und für Ihre hohen beruflichen Ziele eignet sich eventuell der Aufstieg auf den Kilimandscharo, um zu wissen, dass Sie es mit einer guten Vorbereitung jederzeit bis ganz nach oben schaffen können.

Lebensziele können für jeden etwas anderes sein. In meinem Fall war dies, kein Weckerklingeln mehr ertragen zu müssen, sondern zu erwachen, wenn meinem Körper, meinem Geist und meiner Seele danach ist. Bei einer Reise mit sich selbst werden Ihnen vielleicht völlig andere Lebensziele bewusst. Das können Sätze sein wie: Ich möchte mein ganzes Leben möglichst frei sein. Oder: Ich will meinen Kindern ein gutes Vorbild sein und mich in Zukunft in einem karitativen Verein engagieren. Oder auch: Ich möchte noch eine zusätzliche Ausbildung beginnen und meine berufliche Ausrichtung ändern.

Was ist das Verheißungsvolle an Lebenszielen? Sie verleihen unseren Entscheidungen einen Sinn, motivieren und fördern unser Engagement. Sie geben uns das Gefühl, dass sich unser Einsatz lohnt. Auch in Zeiten, in denen es ungemütlich wird und Stolpersteine im Weg liegen. Die Frage „Wozu das alles?" stellt sich dann nicht. Wer seine Lebensziele definiert und freudvoll verinnerlicht hat, kennt die Antwort. Wer ziellos durchs Leben flattert oder sich rein von den Umständen treiben lässt, der erlebt zwar viele Abenteuer und Überraschungen, landet am Ende jedoch vielleicht an einem Ort, wo er nie sein wollte. Oder in Beziehungen, die ihm nie guttaten. Oder in Arbeitsstrukturen, die dem eigenen Naturell nicht entsprechen. Genau so verhält es sich mit Reisezielen. Und nachdem alles in unserem Leben miteinander in Verbindung steht, können Sie dies nutzen, um anhand Ihres Reisezieles auch Ihre weiteren Lebensziele zu finden und zu verwirklichen.

Wie wäre es, wenn Sie Ihr Reiseziel so wählen, dass Sie Zeit haben, Ihre Lebensziele zu überdenken und gleichzeitig bereits bestimmte unerfüllte Träume mit dieser Reise verwirklichen? Mir selbst hat eine Einkehrwoche in einem Kloster die innere Stärkung der Positionierung als One-Woman-Show und Agentur gebracht. Während dieser Zeit ließ ich meinen Perfektionismus gehen und habe meine Flexibilität erhöht. Veränderungen bringen nämlich oftmals Verbesserungen mit sich! Wenn die Dinge oder der Weg im

Zuge eines Projektes plötzlich völlig anders verlaufen, stelle ich mich rasch auf diese Wegänderungen ein und wandere zielstrebig und positiv gestimmt weiter.

Meine sechswöchige Indienreise einige Jahre später ließ hingegen meinen Wunsch Wirklichkeit werden, mich in einem anderen Land niederzulassen. Ich fühlte mich so schnell in diesem fernen Land zuhause, knüpfte Freundschaften und war völlig überrascht, wie leicht und voller Kreativität ich von Asien aus arbeitete und meine Auftraggeber in Europa mehr als zufrieden stellte. Das Voranschreiten des digitalen Zeitalters machte dies mühelos und unkompliziert möglich, und ich verlängerte meinen Aufenthalt in Asien Woche um Woche. Dieses mobile, digitale Arbeiten zeigte mir, dass ich meine Lebenswelten geografisch weitaus unabhängiger gestalten konnte als ich dies bisher angenommen hatte. Im Sommer darauf entschloss ich mich, ein zweites berufliches Standbein in Deutschland zu eröffnen: Drei Monate später fuhr der Umzugswagen in meiner neuen Dependance in Berlin vor.

Meine zehn Tage allein in New York dienten der beruflichen Inspiration und einer Vielzahl neuer Ideen und Kontakte. Wieder waren es die digitalen neuen Welten, die mich faszinierten. In einem Land, das viele Menschen voneinander durch Tausende Kilometer Distanz trennt, hatte sich das Internet mit einer Selbstverständlichkeit auch im Coachingbereich als äußerst praktikabel und dienlich erwiesen. Dies brachte mich und meine Leidenschaft für gute Ideen dazu, diesen Gedanken mitzunehmen und meine beratende Tätigkeit auch auf digitalem Wege zu forcieren.

Lassen Sie für Ihre persönliche Weiterentwicklung und Ihre Lebensziele Bilder im Kopf entstehen und vor Ihrem inneren Auge tanzen. Machen Sie sich auf zu einer inneren Reise. Sie können diese gleich jetzt antreten. Die nachfolgenden Fragen helfen Ihnen dabei, sich selbst und Ihren

Visionen für die Zukunft näher zu kommen: Stellen Sie sich vor, es ist ein Jahr vergangen und Sie haben in diesen gelebten zwölf Monaten viele von diesen Wünschen erreicht.

Wo sehen Sie sich?

Wie sieht Ihr direktes Umfeld aus?

Wie sehen Sie selbst aus?

Was tun Sie beruflich? Und wie fühlen Sie sich dabei?

Wenn andere über Sie sprechen, was sagen sie über Sie?

Was sagen Sie zu den Menschen rund um sich? In welchem Tonfall?

Sie machen sich selbstbestimmt auf den Weg. Wohin gehen oder fahren Sie?

Sie haben etwas zu feiern: Was ist der erfreuliche Grund?

Das Beste zum Schluss: Sie haben überraschend eine ruhige Stunde Zeit für sich. Was tun Sie?

Sind Bilder in Ihrem Kopf entstanden? Konnten Sie Ihrer Fantasie Raum geben und ins Träumen geraten? Welche Umgebung, welche Reisezeit und welche Herausforderungen würden Sie auf dem Weg zu Ihrem Ziel unterstützen? Definieren Sie Ihr Reiseziel so, wie es auch für ein Lebensziel am besten wäre: klar, prägnant und ausgereift. Es soll Ihnen als Orientierung, Richtmaß und Motivation dienen.

Verlieren Sie Ihr großes Ziel nie aus den Augen. Aber bei allem, was Ihnen während Ihrer Planung und später auf Ihrer Reise und Ihrer Lebensreise passiert: Konzentrieren Sie sich auf das Hier und Jetzt und erfreuen Sie sich daran. Denn Ihr Leben findet genau jetzt statt! Vergessen Sie bitte nie: Unsere Lebenslinie darf ruhig einmal in einem Zickzackkurs verlaufen. Seien Sie gnädig zu sich selbst, denn ein Umweg kann zu den tollsten Plätzen und Menschen führen und somit zu einer reizvollen und bereichernden Erfahrung werden. Die Umleitung auf der Autobahn weist unvorhergesehen über Landstraßen und durch zauberhafte kleine Orte. Plötzlich ist die Idee da, statt in dem seelenlosen Dreisternhotel in dem bildhübschen Bed & Breakfast, an dem Sie gerade vorbeikommen, einen Stopp für drei Tage einzulegen. Oder ein verpasster Zug lässt Sie noch einen ungeplanten Abend in der netten kleinen italienischen Stadt verbringen, in der Sie sich bereits seit dem Ankommen so lebenslustig und willkommen gefühlt haben. Wer von uns mag sie nicht, diese Momente, in denen sich die Ereignisse noch besser fügen als wir erwartet hatten?

Ihr kurzer Weg zu sich selbst

- Stellen Sie sich vor jedem Aufbruch zu einer Reise mit sich selbst die Frage: Was ist der Sinn meines Lebens?

- Seien Sie offen für Antworten, die Ihnen das Leben schickt und schenkt!

- Sorgen Sie für Balance auf Ihrer Reise: Nach jeder intensiven Aktivität sollte eine Zeit der Ruhe und Einkehr folgen!

- Geben Sie sich die Erlaubnis, über sich selbst hinauszuwachsen und weiter zu kommen als Sie je dachten!

- Begegnen Sie sich selbst voller Hochachtung: Denn jeder neue Schritt macht Sie mutiger!

- Lachen Sie so oft und so viel wie möglich!

- Seien Sie sich selbst der beste Freund, die beste Freundin!

- Veredeln Sie Ihren Geist: Suchen Sie Gelegenheiten, Ihren Körper, Ihren Geist und Ihre Seele zu verschönern.

- Leben Sie nach Ihrem eigenen Biorhythmus: Schlafen, essen und bewegen Sie sich zu Ihren Zeiten und in Ihrem Tempo.

- Nutzen Sie jeden Reisetag dafür, über Ihre Lebensziele zu phantasieren. Voller Freude und ohne Grenzen!

Kapitel 2

SELBSTSTÄNDIGKEIT: WAS MUSS PASSIEREN, DAMIT WIR UNS ALLEIN AUF DEN WEG MACHEN?

Single oder Beziehungsstatus kompliziert

„Wer sich zur Einsamkeit verdammt fühlt, kann immer noch manches dazu tun, dass seine Einsamkeit gesegnet sei."
(Arthur Schnitzler)

Eine Freundin aus Wien hat mich soeben angerufen. Sie ist Single, mittlerweile ein recht glücklicher Single! „Katrin, ich habe drei Wochen in Thailand gebucht. Ich mache dort eine Ayurvedakur. Stell dir vor, ich reise allein!", gluckst sie ins Telefon. „Wollte ich dir gleich erzählen. Unser Gespräch vor ein paar Wochen hat mir Mut dazu gemacht, allein zu reisen. Ich habe sogar das Angebot einer Freundin ausgeschlagen, die mitfahren wollte. Ach, ich bin schon gespannt, wohin mich diese Reise führen wird. Du, wann erscheint denn dein Buch? Das will ich dann sofort lesen."

Ihre Worte sind Balsam für meine Seele. Einerseits, weil ich dieser Tage im Schlussakkord des Schreibens zu diesem Buch bin und mich ihre Vorfreude aufs Lesen ungemein motiviert. Andererseits ist es schön, dass ich ihr mit meinen Worten während unseres Frühstücks im schicken Cafe „Motto am Fluss" in Wien etwas schenken konnte: den Mut, sich selbst zu entdecken – auf Reisen.

Vor allem für Frauen ist es gesellschaftlich oftmals nicht leicht, als Single voll und ganz anerkannt zu werden. Ich weiß, wovon ich spreche. Über drei Jahre lang gab es offiziell keinen Mann an meiner Seite. Ich besuchte exklusive Galadiners, festliche Bälle und diverse weitere Einladungen allein. Anfangs war dies für viele im traditionsreichen und pärchenorientierten Wien noch ungewöhnlich. Es war ein langsam wachsender Prozess, bis mein Umfeld akzeptierte, wie glücklich ich allein war.

Irgendwann wuchs auch das Verständnis dafür, dass dies keine Übergangsphase war, also nur eine Phase zwischen zwei Beziehungen, sondern eine selbst gewählte Freiheit, die ich l(i)ebte: Die Freiheit, mit mir selbst und für mich selbst zu sein, meine Persönlichkeitsentwicklung als oberste Priorität anzusehen und mein gesamtes Potential zu entdecken.

Solch eine Lebenslust, Lust am eigenen Leben, wird in unserer Gesellschaft bei Frauen in vielen Fällen als egoistisch angesehen. Die Zeilen aus dem Buch „Die Geheimnisse der Kaiserin" finde ich diesbezüglich sehr zutreffend:

„Die Kaiserin fragt sich: Welches Tabu hat mich bisher daran gehindert, das zu tun, was ich eigentlich schon lange tun wollte?

Manchmal sind es Worte, die vor langer Zeit einmal jemand gesagt hat, vielleicht die Mutter, vielleicht der Vater oder eine Tante. Viele Tabus haben schon lange ihre Macht verloren, wir wissen es nur noch nicht. Was aber genau das letzte Tabu ist, das die Kaiserin hindert, ein selbstbestimmtes Leben zu führen, muss sie manchmal erst herausfinden. Selbst muss sie dies herausfinden. Kein anderer kann das wissen.

Vielleicht ist das letzte Tabu für Frauen, ein wirklich selbstbestimmtes Leben zu führen. Das eigene Leben wirklich wichtig zu nehmen. Sich selbst an die erste Stelle zu setzen. Mit allen Konsequenzen … Im Grunde geht es darum, die eigenen inneren Überzeugungen wichtig zu nehmen, wichtiger als alles andere. Den eigenen inneren Überzeugungen zu folgen, gegen alle von anderen Menschen aufgebotenen Argumente und gegen alle herbeizitierte Vernunft – dies ist für viele Frauen das größte Tabu. Darauf reagieren andere Menschen am giftigsten. Die Frau darf alles, sogar Erfolg haben, aber sobald sie selbst die wichtigste Person in ihrem Leben ist, werden Missfallen, böse Worte und offener Hass entgegengebracht. Dies ist gespeist aus Neid, Schmerz und Erkenntnis über das aus der Hand gegebene eigene Leben.

Das eigene Leben, die eigene Selbstbestimmung gegen alles andere in die Waagschale zu werfen, dazu gehört Mut. Wozu es auch immer die wilde und ungezähmte Kaiserin treibt. Das ist das letzte Tabu. Die Kaiserin bricht das letzte Tabu. Hier geht es um das eigene Leben, das unverfälschte echte Leben aus erster, eigener Hand.“

Ich möchte in diesem Buch nicht für das Single-Dasein als beste Lebensform plädieren. Denn es ist wunderschön, in einer Partnerschaft das Glück der Liebe zu erleben. Ich glaube jedoch, dass dies nochmals bereichernder ist, wenn man zuvor die Liebe zu sich selbst entdeckt hat. In allen Facetten, mit Höhenflügen und den dazugehörenden Tiefpunkten, in Gesellschaft und mit sich allein – zuhause und auf Reisen!

Dies ist zwar leicht in Worte gefasst, doch für

viele Menschen ist es eine große Aufgabe. Sie sind der Selbstaufgabe im Sinne eines Helfersyndroms weitaus näher als dem Gedanken, allein ihren Weg gehen zu wollen. Vielmehr würden sie am liebsten mit anderen gemeinsam ihren Lebensweg zurücklegen und der Gruppe um sich herum die Wanderung so angenehm wie möglich machen. Der deutsche Psychotherapeut Uwe Böschemeyer, der in der Schule Viktor Frankls sein Wissen erwarb, erklärt in seinem Buch „Du bist viel mehr. Wie wir werden was wir sein könnten" sehr anschaulich, welche unterschiedlichen Charaktertypen in uns Menschen schlummern. Besonders präsent wäre diese vorhin beschriebene Helferpersönlichkeit. Wenn ein Mitwanderer Unannehmlichkeiten hat, stellt er sich gern und aufopferungsvoll bei der Lösung des Problems zur Verfügung, erwartet jedoch am Ende der Wanderung auch den gebührenden Dank. Viel wird der Helfer mit dieser Einstellung von seinem Weg jedoch nicht sehen, zu sehr hat er seine Wegbegleiter im Blick als seine eigenen Bedürfnisse. Und dann abends, in aller Stille, beschleicht den Helfer vielleicht ein leises Unbehagen, wenn ihm die Frage kommt, ob er bei den anderen „angekommen" ist.

Kennen Sie den Vergleich des halb vollen und halb leeren Glases? Die Streitfrage, ob ein Glas halb voll oder halb leer ist, ist eine anschauliche Redewendung, um die psychologisch-philosophische Auseinandersetzung zwischen den Weltanschauungen und Lebenshaltungen des Pessimismus und des Optimismus zu veranschaulichen: Für den Pessimisten ist das Glas halb leer. Ein Optimist entscheidet sich dafür, dass das Glas halb voll ist.

Wenn Sie derzeit Single sind oder in einer Phase, in der die Bezeichnung „Beziehungsstatus: kompliziert" zutrifft, dann können Sie dies doch auch genießen. Wer hindert Sie daran – außer Sie sich selbst? Vielleicht der Typ, mit dem Sie gerade eine Affäre haben? Und der sich (noch) nicht sicher ist, was er genau von und mit Ihnen (nicht) will? Oder ist Ihr aktueller Mr. Right gar gebunden, der Beziehungsstatus somit extrem kompliziert, und hat er nicht nur bereits eine Frau, sondern vielleicht auch Kinder? Da bleibt ihm neben moralischen Differenzen wahrscheinlich kaum Zeit, um mit Ihnen genüsslich die Welt zu bereisen. Oder Ihre Herzallerliebste entwickelt sich in Richtung Luxusgeschöpf und Sie wollen Ihren männlich orientierten Abenteuersinn immer wieder weiter ausleben.

Es könnte auch sein, dass Ihr Freundeskreis mit Kindern gesegnet ist. Wunderschön, wenn man dies stundenweise teilt. Doch als Anhängsel mit auf Urlaub zu fahren ist für viele Singles nicht unbedingt das Non-Plus-Ultra. In der Früh heißt dies zumeist früh aufstehen, dafür ist auch zeitiger Nachtruhe. Das Essen muss pünktlicher auf dem Tisch stehen und jeden Tag Schnitzel mit Pommes Frites macht die meisten Singles auch nicht glücklich.

Aber auch reine Erwachsenenreisen mit Freunden können für Unmut sorgen. Erlebnisse aus meinem Umkreis berichten von Kühlschränken, die selbst gefüllt, jedoch von anderen immer nur entleert wurden. Oder das mit Kumpels geteilte Ferienapartment sieht aus wie ein Schlachtfeld. Und eigentlich wollte man die Urlaubstage nicht damit verbringen, Ordnung für andere zu schaffen. Das Zusammenleben ist manchmal eine Herausforderung. Egal, ob man einander weniger gut kennt oder bereits Jahre miteinander verbracht hat.

Wer sagt Ihnen, dass die Menschen in Partnerschaften rund um Sie zufriedener und glücklicher sind? Laut einem Artikel auf „Spiegel online" beginnen sogar Wissenschafter daran zu zweifeln, denn Studien zeigen: Das Single-Dasein hat positive Effekte auf das Wohlbefinden: *„Diese Tendenz herrscht vor allem in westlichen Zivilisationen vor. Hat sie aber auch Auswirkungen auf die Gesundheit und die*

Psyche? Fest steht: Es gibt Menschen, die mit dem Dasein ohne Partner besser klarkommen als andere. Das Single-Leben sei wie eine Befreiung, konstatieren sie, selbstbestimmt und unabhängig. Man kann ungezwungen seinen Vorlieben und Interessen nachgehen. Lästige Absprachen sind nicht nötig, Spontaneität kein Problem. So sehen es viele Singles. Und um deren Gesundheit ist es immer besser bestellt.“

Während der drei Jahre als ununterbrochene und nicht gebrochene, sondern glückliche All-ein(s)-Seiende habe ich viel Schönes erlebt. Als Single war ich allein. Jedoch nur auf den ersten Blick. Wer genauer hinsah, konnte erkennen, dass ich es nicht war. Als Single habe ich meine Freunde viel öfter gesehen, viel unternommen und bin viel gereist. Ich habe Fische in Norwegen gefangen, bin quer durch Indien gereist und habe allein auf dem Empire State Building gestanden. Dies alles allein zu schaffen, machte mich stark. Ich war regelmäßig allein im Kino. Wenn mein Entdeckergeist überhand nahm, setzte ich mich ins Auto und fuhr quer durch Deutschland, durch Österreich – eigentlich durch ganz Europa. Dabei besuchte ich gern Freunde, die weiter weg wohnen und die ich sonst nicht gesehen hätte. Ich habe mich der Herausforderung gestellt, allein im Restaurant zu essen. Mittlerweile genieße ich dies sogar! Ich bin nicht allein, wenn ich allein bin. Ich war nicht allein, als ich Single war!

Sich selbst die positiven Effekte des Single-Daseins schmackhaft zu machen und bekömmlich zu servieren, schaffen Sie schnell und einfach mit einer Plus-Minus-Liste. Beginnen Sie mit den negativen Aspekten dieser Situation: Was ist Ihnen alles nicht möglich? Welche Dinge fehlen Ihnen? In welchen Situationen bricht die Einsamkeit über Sie herein? Und setzen Sie mit den positiven Aspekten fort: Wer sind Ihre Vertrauten? Welche Freiheiten können Sie nun leben? Welche Reise(n) wollten Sie immer schon machen, doch es hinderte Sie ein Partner daran? In welchen Momenten sind Sie mit sich allein rundum zufrieden und glücklich? Welche Tätigkeiten oder Unternehmungen sind es, die dazu führen?

Und die wichtigste Frage zum Schluss: Welche (Reise-) Träume können in diesem Beziehungsstatus besser verwirklicht werden? Was würden Sie bereuen, während Ihrer Singlezeiten nicht getan zu haben? Dann, wenn Sie in einer glücklichen Partnerschaft leben und zurückblicken auf Ihre Selbstverwirklichung allein und unterwegs.

Verworrene Lebenssituationen, Krisen und andere Kleinigkeiten

„Eine Reise ist ein vortreffliches Heilmittel für verworrene Zustände."
(Franz Grillparzer)

Meine erste Reise, die ich allein plante, war ein Aufenthalt in einem Kloster. Ich war körperlich und seelisch in einem Krisenzustand, Alarmstufe Rot! Vielleicht kennen Sie dieses Gefühl von sich selbst: alles ist zu viel, Ruhe heiß ersehnt. Eine Woche lang wollte ich mich der Askese leichten Essens und viel Bewegung an der frischen Luft hingeben und zugleich meinen Geist zur Ruhe kommen lassen. Doch so stark ich diesen Wunsch in mir verspürte, so sehr jagte mir die Vorstellung, allein aufzubrechen und in einem Kloster eine Woche auf mich selbst gestellt zu verbringen, auch Angst ein.

Der mitten in der Woche liegende Schweigetag rief ebenfalls Skepsis hervor. Einen ganzen Tag lang kein Wort sprechen? Ich war es gewohnt, im Job und in meinem Privatleben permanent verbal zu agieren und zu reagieren. Und das zumeist den ganzen Tag lang.

Wer kennt dieses Gefühl nicht? Als Mann hat man zumeist das Ansinnen, für eine gute existentielle Absicherung zu sorgen und dabei die eigenen Abenteuer nicht zu vergessen. Frauen ist es oftmals ein Anliegen, ihre Lieben mit Aufmerksamkeit zu bedenken. Das kann an die eigenen Grenzen führen und dazu verführen, diese zu überschreiten. Die Schnelllebigkeit unserer Zeit erfordert ebenfalls ihr Tribut: Smartphone & Co verlocken zum ständigen Onlinesein sein. Viele stürzen sich täglich stundenlang in virtuelle Welten. Der Fluch der Gleichzeitigkeit holt uns ein. Kaum jemand hat jedoch Zeit. Deshalb wollte ich mir diese nehmen, gleich ganze sieben Tage lang. Nur für mich. In einem Kloster.

Ich zweifelte. Wie wird es sein, wenn Zeit keine Rolle spielt? Wenn keine neuen Informationen von außen auf mich einprasseln, sondern ich Zeit habe, Erlebtes innerlich zu sortieren? Will ich mich wirklich mit all dem konfrontieren, was ich in mir trage? Es wäre doch viel einfacher, mich mit vielen Aktivitäten oberflächlich abzulenken. Damit ich nicht hinabtauchen muss in die Abgründe meiner Seele. Wer weiß, was da zutage kommt. Es könnten Schätze sein, dort unten am Grund meines Seins. Andererseits spürte ich große Bedenken, ob sich nicht doch noch Unrat und Unverarbeitetes in mir befanden. Wer will das schon so genau wissen?

Und was würde an diesem Schweigetag wohl auf mich zukommen? Ein Gefühl der Unsicherheit machte sich breit, als ich meinen Wagen im niederösterreichischen Waldviertel abstellte. Zögernd trat ich durch das Steintor des Klosters

Pernegg. Damals wusste ich noch nicht, wie sehr ich diesen Ort in mein Herz schließen würde. Als Heimat, wenn ich Stille suche. Etwas später saß ich wie ein Häufchen Elend auf dem Bett in meinem Zimmer und fragte mich, was ich denn hier zu suchen hatte. Warum war ich hierher gekommen? Was hatte ich gedacht zu finden? Was war geschehen, dass ich mich dieser Tortur freiwillig aussetzen wollte?

Ein Jahr zuvor gestaltete sich meine Reiseplanung noch völlig anders. Ich hatte in der Sonne und unter Palmen auf den Seychellen gelegen. Die dekadente Färbung, die das Lesen dieser Zeilen bei Ihnen hervorrufen kann, ist erwünscht. Denn so herrlich dieser Lifestyle auch klingen mag, es war ein Zuviel an zu vielem: Eine innerlich aufreibende Scheidung, danach ein intensives Neuverlieben, dazwischen schnell Karriere machen und mein soziales Leben pflegen. Vieles prasselte damals von außen auf mich ein, wollte meine Aufmerksamkeit. Sollte von mir mit Liebe und Engagement bedacht werden. Nur ich selbst konnte mich nicht mehr engagiert mit Selbstliebe bedenken. Ich war innerlich leer.

Denn auch die Reisen, die eigentlich Urlaub und eine Zeit der Erholung sein sollten, waren zu intensiv und fordernd. Wer bereist schon die Seychellen und den Oman in sechs Tagen? Ich kann nur sagen: Tun Sie es nicht! Die Seele braucht mehr Zeit, um anzukommen. Deshalb war ich innerlich zerrissen, spürte mich selbst nicht mehr. In diesem seelischen Ausnahmezustand entstand mein Wunsch nach Einkehr. Diese tiefe Sehnsucht in mir: Nichts tun zu müssen, nur sein zu dürfen. Der Wunsch nach Selbstfindung schloss es aus, mich mit jemand anderem auf die Reise zu machen. Ich wollte nur für mich, nur mit mir sein.

Wie steht es mit Ihnen? Kennen Sie ebenfalls Zeiten der Krise? Was waren Ihre schwarzen Löcher, in die Sie gefallen sind? Eine Trennung oder Scheidung? Oder gar der Tod Ihres geliebten Partners? All dies beinhaltet die Verabschiedung von der Vorstellung, den Lebensweg gemeinsam weiterzugehen. Träume, Hoffnungen und Wünsche waren an die gemeinsame Zeit geknüpft worden. Wie soll es allein weitergehen? Wie soll das Leben einen Sinn haben, so ganz auf sich allein gestellt? All diese Situationen ziehen noch etwas anderes mit sich: Die existenzielle Situation ist zumeist davon betroffen. Der Finanzplan war auf zwei Säulen gestellt. Man wollte das Leben miteinander teilen und setzte das vielleicht bei Krediten, Bürgschaften und der Verantwortung für Häuser und Wohnungen fort. Gemeinsame Verbindlichkeiten lösen in diesen Fällen das Gefühl der Verbindung oftmals blitzschnell ab. Sind Sie darauf vorbereitet? Sind Sie bereit, Ihren Lebensweg auch einmal ein Stück allein zu gehen? Wollen wir mit einer Reise mit Ihnen und zu Ihnen selbst beginnen?

Es gibt aber auch ganz andere Krisenzeiten: Haben Ihre Kinder und Familie Sie eventuell zu viel gefordert, alles aus Ihnen herausgeschöpft und Sie bis zur Erschöpfung gebracht? Unsere Gesellschaft verlangt von Männern und Frauen viel. Sie sollen über alles liebende Eltern sein, nebenbei Karriere machen und vor allem Frauen sollen jeden Tag wie aus dem Ei gepellt aussehen. Leider legen Magazine und Lifestyle-Soaps die Messlatte hoch. Enttäuschungen sind damit hundertprozentig garantiert.

Mit Enttäuschung wird das Gefühl bezeichnet, wenn eine Hoffnung zerstört oder auch ein unerwarteter Kummer bereitet worden ist. Im Negativen beinhaltet der Sinngehalt „einer Erwartung nicht entsprechen“. Viel konstruktiver wirkt die positive Sichtweise dieser Formulierung: Wenn uns das Leben „eines Besseren belehrt“ und „aus einer Täuschung herausreißt“. Insofern ist eine Enttäuschung im Grunde etwas Positives. Wir kennen nun die Wahrheit. Dieses Entschleiern solcher Enttäuschungen kann sehr erleichternd und befreiend sein. Selbst auferlegter Druck kann weichen und die eigenen Werte und Lebensvorstellungen können in den Fokus gerückt werden. Man ist nicht enttäuscht von dem, was ein anderer tut (oder nicht tut), sondern nur über die eigene Erwartung an den anderen.

Vielleicht sind Sie aber auch ein junger Leser, eine junge Leserin? Stehen altersmäßig irgendwo nach dem Schulabschluss? Auch dies kann eine Zeit voller Fragestellungen und Unsicherheiten sein. Alles ist möglich, so vieles kann noch sein. Aber was soll es bitte genau sein? Welche Begabungen schlummern in Ihnen? Ist das Land, in dem Sie geboren sind, auch jenes, in dem Sie auch Ihren weiteren Weg gehen und leben wollen? Und begleitet Sie jemand auf diesem Weg?

Gemeinsam l(i)eben und getrennt reisen

„Auch die zärtlichste Liebe bedarf der Erneuerung durch gelegentliche Trennungen.“
(Samuel Johnson)

Lieben heißt loslassen können. Jedes Mal beim Auseinandergehen, immer wieder aufs Neue. Kennen Sie das Gedicht „Lied“ von Rainer Maria Rilke? Ich finde die letzte Zeile für die große Herausforderung des Loslassens in der Liebe sehr passend: *„… weil ich niemals Dich anhielt, halt ich Dich fest.“* Für mich steht „halt ich Dich fest“ im Sinne von einander jeweils den eigenen Lebensweg gehen lassen und zugleich stärkend und unterstützend, aber nicht einengend, Halt schenken. Ich schätze es selbst, wenn man(n) nicht meint, mich auf meiner Lebensreise anhalten zu müssen, sondern dieses „halt ich Dich fest" als „zusammenhalten" empfindet. Dabei kann zeitweise auch eine örtliche Distanz zwischen zwei Menschen liegen. Leider passiert es aber viel zu vielen Menschen, dass sie zwar tagtäglich mit einem Partner zusammenleben, aber innerlich zueinander auf Distanz gegangen sind. Wie wäre eine positive Entwicklung in einer Partnerschaft möglich?

Es ist wunderschön, gemeinsam Momente und das Leben zu teilen. Dies beinhaltet, Anteil an der Weiterentwicklung und dem persönlichen Erfolg eines anderen Menschen zu haben und Zeuge seiner individuellen Lebensreise zu sein! Eine interessante Theorie vertritt dazu der deutsche Wissenschaftsautor Bas Kast. Seine These ist: Bindungen machen uns glücklich. Sie schränken zwar vordergründig die Freiheit ein, zugleich fördern Bindungen aber viel mehr unser Glück, weil wir wissen, wo wir hingehören und wer zu uns hält.

Doch warum passiert es in vielen Partnerschaften, dass nach der ersten Phase der Verliebtheit völlig selbstverständlich ein Besitzdenken folgt? „Du bist mit mir, also bist du mein. Du gehörst zu mir, also hast du in meiner Nähe zu sein."

Haben Sie dieses Phänomen auch schon einmal bei sich selbst erlebt? Und die daraus folgenden Schwierigkeiten? Diese eingeforderte Selbstverständlichkeit langweilt nämlich die meisten von uns. Der Mensch, der anfangs noch sexy und selbstbestimmt auf uns gewirkt hat, verwandelt sich vom Helden in einen Pantoffelhelden. Die vormals anbetungswürdige Muse wird im Alltag zur launischen Prinzessin.

Wann entfaltet ein Adler seine volle Pracht? Genau dann, wenn er seine Kreise hoch oben am Himmel ziehen kann. Sicherlich nicht, wenn er an etwas gefesselt ist. Oder haben Sie schon einmal versucht, einen Schmetterling festzuhalten?

Mit der bloßen Hand? Die Gefahr, diesen zu erdrücken, ist groß. In beiden Fällen führt ein Anhalten und Festhalten zu einer Veränderung des Wesens, das uns zuvor durch Leichtigkeit und Schönheit entzückt hat.

Loslassen bedeutet, dass wir aufhören, uns an etwas zu klammern. Bezogen auf die Partnerschaft gibt es verschiedene Bereiche, in denen das Loslassen ein Thema sein kann. Es ist beispielsweise wichtig, dass wir übertrieben hohe Erwartungen an unseren Partner loslassen. Wenn wir ständig von unserem Partner fordern, dass er sich verändert, können wir unser Ziel einer liebenden, harmonischen Partnerschaft nicht erreichen.

Loslassen lernen ist für uns meist mit Arbeit und bewusster Anstrengung verknüpft. Wenn wir uns an den Partner klammern, sitzen wir in der Falle. Wir fühlen uns hilflos, können depressiv werden, eine Angststörung entwickeln oder mit körperlichen Beschwerden reagieren. Doch zumeist ist die Vorstellung, etwas aufzugeben, für uns schwieriger als etwas Neues in unserer Partnerschaft zu beginnen. Dem anderen mehr Freiheit zu gewähren kann anfangs mühsam sein. Aber loszulassen lohnt sich.

In einer glücklichen Beziehung können sich beide Partner immer wieder auf eine natürliche und attraktive Weise loslassen, ohne sich dabei den Kopf zu zerbrechen, mit diesem Verhalten den anderen zu enttäuschen. Stärken Sie die Fähigkeit in sich, Ihre eigene Gefühlswelt auch mit anderen Glücks- und Energiequellen auszufüllen. Am besten tun Sie dies gleichzeitig mit Ihrem Partner – jeder für sich und allein mit sich auf seinem jeweiligen Weg. Öffnen Sie sich in diesen Phasen für andere Aufgaben, Inhalte und Menschen. Man vergisst in diesen Momenten den Partner komplett. Das Paradoxe daran: Dieser Prozess ist die innere emotionale Voraussetzung eines Menschen, um eine gesunde und glückliche Partnerschaft führen zu können. Stellen Sie sich zwei Fußspuren im frischen Schnee vor: Diese beginnen nebeneinander und setzen sich in zwei nahe beieinander liegenden Spuren fort. Dann zweigt eine der Spuren kurz einmal ab, setzt den Weg allein fort, um dann wieder zum gemeinsamen Weg zurückzukehren. Kennen Sie dieses Gefühl der Wiedersehensfreude? Genau das können Sie in einer Partnerschaft, in der es Abschiede auf (kurze) Zeit gibt, immer wieder neu erleben. Nur wer sich (auf Zeit) trennt, kann einander wiederfinden!

Eines soll dieses Einander-Freiheit-Schenken jedoch nicht sein: Der Freischein zur Untreue! Das möchte ich Ihnen keinesfalls ans Herz legen. Für mich selbst schließen sich Treue und Freiheit nicht aus. Denn bei alldem geht es um die Treue zu sich selbst. Wenn Sie sich für einen Menschen entschieden haben und ihm den Platz an ihrer Seite zugestehen, dann würden Sie sich doch selbst untreu werden, wenn sie ihm auf Reisen untreu sind. Wie sehen Sie das? Und eines ist auch klar: Wer untreu sein will, kann dies jederzeit tun. Dazu braucht es keine Reise allein. Ein Seitensprung lässt sich heutzutage auch in der Mittagspause einplanen. Oder wenn die Kinder im Ballettunterricht oder beim Fußball sind.

Es geht vielmehr um die Freiheit, Ihre eigenen Ziele und Interessen für sich selbst zu verfolgen. Diese Freiheit sollten Sie auch Ihrem Partner oder Ihrer Partnerin zugestehen. Ich spreche davon, dass Freiheit auch in einer Partnerschaft möglich sein sollte. Jeder von uns sollte sein Leben lang immer wieder seinen eigenen Weg gehen können. Sich Zeit nehmen dürfen für sich selbst, um wieder den eigenen Abenteuersinn in sich selbst entdecken zu können und auch all die unterschiedlichen Bedürfnisse leben zu dürfen.

Dazu zählen verschiedene Lebensrhythmen in einer Partnerschaft. Einer von beiden ist beispielsweise ein Morgenmensch, der andere der vielbesagte Morgenmuffel. Am Abend sind die Energiehaushalte genau gegensätzlich. Ihr Partner fährt gern ausgedehnte Motorradtouren, sie selbst bevorzugen stundenlange Besuche in Museen. Oder Sie lieben es, in einem heißen Klima zu urlauben, der Mensch an Ihrer Seite fühlt sich jedoch in den klimatischen Zonen Skandinaviens besser aufgehoben. Es kann auch sein, dass Sie das Boutique-Hotel im Auge haben, Ihr Partner am Urlaubsziel aber lieber den Campingplatz ansteuert. Wir alle haben unsere persönlichen Eigenheiten, Bedürfnisse und Vorstellungen, was uns wann glücklich macht.

Mit sich allein auf Reisen zu gehen, und dies immer wieder auch während einer Partnerschaft zu tun, lässt die eigenen Launen und Stimmungen zutage treten. Man ist wie ein frisch geborenes Baby, zeitweise ganz unbefleckt vom emotionalen Miteinander. Also auch frei und unabhängig, sich seinen eigenen Launen und Ungereimtheiten zu stellen. Auf solchen Reisen mit sich selbst und allein ist es auch sehr wichtig, die eigenen Bedürfnisse wahrzunehmen. Welche davon sind vielleicht im Alltag versteckt und überdeckt, weil die Angst vor Konflikten sie überlagert? Sie könnten den Blick auf die Besonderheiten Ihres Partners lenken, die Ihnen wirklich wichtig sind, statt sich über Nebensächlichkeiten aufzuregen.

Oder Sie entdecken Dinge, Plätze, Orte und Fähigkeiten, die keinen zweiten Menschen als Begleiter benötigen. Das kann auf Studienreisen sein, oder es können handwerkliche Talente sein, die in kreativen Workshops ausgelebt werden und erfüllend sind. Umso schöner ist es dann, einander wieder zu begegnen und davon zu erzählen. Dies schult auch ungemein die Konversation und den Austausch miteinander. Plötzlich hat man einander mehr zu sagen als die Einkaufsliste und den Termin für das Reifen wechseln zu besprechen. Als Frau bleiben Sie interessant und einen Hauch geheimnisvoll. Als Mann pflegen Sie Ihr Image als Abenteurer. Das hält die Liebe jung, egal in welchem Alter.

Ihr kurzer Weg zu sich selbst

- Sehen Sie Ihre bisherigen Lebenskrisen und die daraus gewonnenen Erkenntnisse als Ressourcen, die Sie weitergebracht haben!

- Betrachten Sie sich selbst als Abenteurerin oder Abenteurer. Sie haben schon viel überstanden!

- Seien Sie stolz auf alles, was Sie bisher allein und auf Reisen mit sich selbst bewältigt haben: Klopfen Sie sich selbst anerkennend auf die Schulter!

- Zimmern Sie sich Ihre eigene Messlatte: Was erwartet die Gesellschaft? Und was ist wirklich gut für Sie selbst?

- Stehen Sie zu Ihrer Lebenseinstellung: Suchen Sie Orte auf, die dazu passen!

- Nehmen Sie sich Zeit, alle Höhenflüge Ihres Lebens mit Dankbarkeit zu bedenken!

- Lassen Sie los, was Sie auf Ihrem Lebensweg zurückhält und aufhält!

- Spüren Sie das Gefühl der Freiheit wie einen zarten, schmeichelnden Windhauch auf Ihrer Haut und in Ihrer Seele.

- Zelebrieren Sie Ihre Lebenslust!

- Entscheiden Sie sich bewusst für sich selbst und Ihre individuelle Lebensreise!

Kapitel 3
SELBSTZWEIFEL: TUE, WAS DU FÜRCHTEST UND DIE FURCHT WIRD VERGEHEN

Der Rückzug und Bezug auf sich selbst

„Die Einsamkeit ist Aphrodisiakum für den Geist, so wie die Konversation es für die Intelligenz ist."
(Emil Cioran)

Im Sommer 2011 begleitete mich eine wahre Glückssträhne: Bei drei Veranstaltungen hintereinander gewann ich luxuriöse Preise. Eine Champagnerflasche im Doppel-Magnum-Format stellte den Auftakt dar. Daraufhin folgte eine handgefertigte Uhr im Wert von zweitausend Euro. Fulminanter Abschluss war der Gewinn einer einwöchigen Reise nach Madeira. Für mich und eine zweite Person! Mein Mobiltelefon lief heiß: Freunde und liebe Bekannte fanden dies alles sehr aufregend und sich selbst als Reisepartner passend und verfügbar. Ich selbst spürte jedoch genau: Mir war nach einem arbeitsintensiven Sommer nach Rückzug, nach Bezug auf mich selbst, zumute. Somit war meine Entscheidung klar und ich genoss diese Woche auf der portugiesischen Blumeninsel mit mir allein!

Denn zu einer der großen geistigen Übungen zählt sicherlich der Rückzug in die Isolation und Kontemplation. Nur wenige Menschen versuchen dies und stellen sich dieser weiterführenden Erfahrung. Ich nahm mit der Entscheidung, allein nach Madeira zu fliegen, wieder einmal allen Mut zusammen. Das muss ich jedes Mal tun, bevor ich mich mit mir selbst aufmache. Wie viele andere Solo-Reisende erfahre auch ich jedes Mal ein wenig mehr über mich. Und glauben Sie mir: Nicht alles ist erfreulich. Manche lang bedeckt gehaltenen Probleme treten zutage und wollen gelöst werden.

Sich den eigenen Ängsten zu stellen ist herausfordernd. Wenn Sie beispielsweise wie ich erkennen, dass Verlustängste früher immer wieder den eigenen Lebensweg geformt haben, ist dies keine gemütliche Erfahrung. Der Tod eines geliebten Menschen in meiner Kindheit und die Angst, dass ein weiterer für mich wichtiger Mensch ebenfalls plötzlich nicht mehr da sein könnte, haben mich stark geprägt.

Diese Momente tun weh, stürzen einen in eine Achterbahnfahrt der Gefühle und enden dann doch letztlich und glücklicherweise mit der weiterführenden Erkenntnis, was zukünftig zu lassen ist und was stattdessen vermehrt Raum und Platz im eigenen Leben haben soll. Ich kann mich gut an den Augenblick erinnern, als diese Schleier der Traurigkeit einer unbeschreiblichen Entspannung und Gelassenheit wichen.

Alleinsein kann eine außergewöhnliche und vor allem positive Unterstützung auf dem eigenen Lebensweg sein. Der französische Mathematiker und Philosoph Blaise

Pascal meinte dazu: „Fast alle Probleme der Menschheit erwachsen aus der Unfähigkeit, mit sich über einen längeren Zeitraum in einem Raum allein zu sein.“ Vielen erfolgreichen Top-Managern fehlt diese Fähigkeit zum Alleinsein. Von Erfolgserlebnissen getriebene Menschen tendieren etwa dazu, sich auch auf Reisen Druck auszusetzen. Gehen sie den Weg mit anderen, ist ihre erste Tat, sich zu denen zu gesellen, die die Führung übernehmen. Dort bleiben sie gleichauf oder setzen zum Überholen an. Hat jemand Schwierigkeiten mit dem Weg, prüft der getriebene Erfolgsmensch, ob er sich durch seine Hilfe einen Namen machen könnte. Ein unreflektierter Erfolgsmensch will gewinnen, um jeden Preis. Denn wenn er gewinnt, glaubt er, gewinnt er die Bewunderung anderer Menschen. Was veranlasst andere, diesen Menschen in die Mitte zu stellen und zu ihm aufzuschauen? Er ist ständig getrieben, angespannt und trägt eine Maske. Er ist nicht bei sich selbst. Er ruht nicht in sich selbst. Er kennt sich nicht selbst. Tief in ihm schlummert der Satz: „Ich weiß nicht, wer ich bin.“ Dem getriebenen Erfolgsmenschen kommt es auf Applaus an, darauf, ob er „ankommt“. Was wäre, wenn die Maske des Erfolgs für eine gewisse Zeit des Rückzugs abgelegt werden könnte, um bei sich selbst anzukommen?

Eine Reise mit sich allein spiegelt im Kleinen das große Potential wider, das wir aus uns selbst und aus der mit uns allein verbrachten Zeit gewinnen können: Klarheit über unsere Ängste, neuer Mut und die Zeit für neue Ideen, was wir mit unserem Leben Positives erreichen wollen. Neue Ziele stellen sich ganz von selbst ein. Neue Wege wollen beschritten werden. Neue Herausforderungen gemeistert und deren Handlungsschritte erprobt werden. Einfach, um auf dem eigenen Lebensweg weiterzukommen. Kein Sich-im-Kreis-Drehen ist mehr angesagt. Keine Extrarunde, in der „mehr vom Gleichen“ geschieht, sondern konstruktiv der eigene

Sinn im Leben erforscht und nach der Rückkehr aus dem Urlaub auch umgesetzt wird – im Sinne von „Träume nicht dein Leben, lebe deine Träume".

Seit frühester Zeit sind Pilgerfahrten ein Synonym für diesen Rückzug. Diese Pilgerfahrten haben den Sinn, den Einzelnen wachsen zu lassen, ihm dabei zu helfen, mit sich selbst und anderen in Verbindung zu treten und seine seelischen Verletzungen zu heilen. Man kann von einem therapeutischen Effekt sprechen.

Stefan Zweig, der 1881 geboren wurde, hat schon damals den Müßiggang gepriesen. Dieser könne uns dabei helfen, wieder an Noblesse zu gewinnen, meinte der Wiener Schriftsteller. Wir müssten uns dazu nur von den Maschinen abkoppeln und uns dem Chaos und der Natur aussetzen. Seine Idee des müßigen Reisens ist ein intensives und produktives Versenken in die eigene Innenwelt.

Diese Zeit lässt natürlich Selbstzweifel in all ihrer Klarheit zutage treten. Ungelöste Fragen schießen wie die sprichwörtlichen Pilze aus dem Erdboden. Und es herrscht oftmals ein inneres Dilemma. Im Wort Selbstzweifel steckt das Wort „zwei". Wenn uns Selbstzweifel übermannen, dann gibt es oftmals zwei Wege, die gegangen werden können. Es stehen Lebensentscheidungen an, die uns in zwei unterschiedliche Richtungen führen können. Und wir zweifeln, welche Richtung die richtige ist. Sollen wir mit der neuen, kostenintensiven Ausbildung beginnen oder doch lieber mehr auf die Finanzen achten? Ist es der richtige Zeitpunkt für ein zweites Kind? Jetzt, wo Baby Nummer eins und die neue Situation als Familie zu dritt sich so harmonisch eingespielt haben? Was, wenn dies eine Entscheidung ist, die mit 50 Jahren schwer bereut werden wird? Ist der Arbeitsplatzwechsel in die Stadt, die 100 Kilometer entfernt liegt, wirklich die beste Entscheidung? Zwei Stunden mehr Fahrzeit machen wenig Spaß, aber das neue Aufgabengebiet schon? Steht das dafür?

Darf ich mich selbst so wichtig nehmen, dass ich dafür weniger Zeit mit meiner Familie verbringen kann?

All diese Fragen wollen eine Antwort, die einer eigenen inneren Klarheit bedarf. Zwei Optionen sind manchmal eine zu viel. In Situationen der Wahl ist es gut, sich bewusst zu machen, ob überhaupt eine reine Wahlmöglichkeit besteht. Gibt es als Lösung nur ein Entweder-oder? Dazu zählen Entscheidungen wie ein Ja zu einem Kind. Denn ein bisschen schwanger gibt es nicht. Dem gegenüber stehen Optionen zwischen zwei Möglichkeiten, wo eine die andere nicht ausschließt. Die Lösung kann ein Sowohl-als-auch sein. Um bei dem Beispiel des neuen Arbeitsplatzes zu bleiben: Vielleicht findet sich eine Variante, bei der das Arbeiten von zuhause integriert werden kann und so nicht jeden Tag Fahrzeit anfällt.

Weise Persönlichkeiten und geachtete Meinungsbildner, die die Antwort auf eine Frage oder den Ausweg aus einem Dilemma suchen, ziehen sich immer wieder zurück. Sie wählen die Stille oder einen Ort, an dem sie für sich sein können. Ihnen ist in solchen Situationen grundsätzlich wichtig, jede Ablenkung, die sie mit ihrem normalen und alltäglichen Leben in Verbindung bringt, auszuweichen und abzustellen.

Unsere Reife ist das Ergebnis der Erfahrungen, von denen unser bisheriges Leben geprägt wurde. Damit wir uns dieser bewusst werden, bedarf es immer wieder einer Zeit der Zurückgezogenheit und Ruhe. Dies lässt sich schlecht im lärmenden Alltag und in der gewohnten Umgebung bewerkstelligen; schon allein, um dem Gesetz der Polarität gerecht zu werden, denn alles im Leben hat zwei Seiten beziehungsweise einen Gegenpol wie beispielsweise „heiß und kalt“ oder „oben und unten“.

Auf jede Zeitspanne betriebsamer Tätigkeit und intensiven Austauschs mit anderen gilt es, auch wieder eine Phase der Innenschau mit sich selbst zu reihen. Es ist wichtig, den

Moment bewusst wahrzunehmen, sich so weit wie möglich von den äußeren Einflüssen und Beeinflussungen durch andere abzuschirmen und diese Konfrontation mit sich selbst willkommen zu heißen. Diese Selbstbesinnung verlangt, dass wir auf dem Weg, den wir mit anderen gemeinsam beschritten haben, innehalten und uns auf unseren Anteil daran und auch den aktuellen Standort besinnen.

Welche Verantwortlichkeiten sind in Ihrem Leben wirklich Ihre Verantwortlichkeiten? Gibt es Aufgaben, die Sie für andere übernehmen? Schon in der Kindheit können Verstrickungen beginnen. Die Tochter kümmert sich als Ersatz für den abwesenden Vater um Mutter und Geschwister. Der Sohn versucht seine Mutter, die die Affären ihres Ehemannes erduldet, durch herausragende Leistungen glücklich zu machen und die partnerschaftliche Komponente aufzuwiegen. Es kann aber auch ganz banale und trotzdem schwerwiegende Verstrickungen untereinander geben, wenn Sie beispielsweise anderen ihre (Lebens-) Aufgaben permanent abnehmen. Dahinter steckt ein Mutter Theresa-Denken oder ein Hang, andere zu retten und nimmt ihnen oftmals die Möglichkeit, sich selbst zu beweisen und weiterzuentwickeln.

Solche Situationen sind zumeist leichter aus einer gewissen Distanz zu erkennen – örtlich und emotional. Es heißt, der Anfang jeder Größe sei die Zeit, die Menschen auf der Suche nach ihrer eigenen inneren Stimme verbringen. Diese innere Stimme sagt uns auch ganz genau: „Das ist meine Verantwortung. Das ist deine Verantwortung.“ In der Stille und im Alleinsein wird unser Geist klar. Während einer Reise mit sich selbst und allein heißt es zwar auch, allein den Koffer zu tragen. Dafür ist es wirklich der eigene. Kein anderer Koffer wird zur Last. Wir müssen nichts für andere packen, also auch nichts von anderen in unser Leben packen.

Im Rückzug und Bezug auf sich selbst treten Ruhe und Entspannung in unser Leben. Wir fühlen uns frei und glücklich, einfach eins mit allem rund um uns, vielleicht sogar mit dem Universum. In diesen Momenten ist es möglich, dass uns Ideen und Einsichten ganz leicht und ohne Komplikationen zufliegen.

Ich verspreche Ihnen, liebe Leserin und lieber Leser: Sie wird in jeder Situation genau die richtige Antwort und Erkenntnis in der exakt passenden Form erreichen. Und wenn Sie aus dem Alleinsein zurückkehren und Ihre erhaltenen Antworten in Taten umsetzen, dann werden Sie genau das Richtige tun: Dies ist der Höhepunkt spiritueller Wahrnehmung und geistiger Verbundenheit mit dem großen Ganzen.

Beschränkungen als persönliche Einschränkungen

> *„Warum reisen wir? Auch dies, damit wir Menschen begegnen, die nicht meinen, dass sie uns kennen ein für allemal; damit wir noch einmal erfahren, was in unserem Leben möglich sei.“*
>
> (MAX FRISCH)

Er war einer der Stars meiner Jugendtage: Andrew McCarthy. Kennen Sie diesen amerikanischen Schauspieler? Ich hatte ihn damals in „Pretty in Pink“ und „St. Elmos Fire“ im Kino gesehen und war überrascht, als er mir

Jahrzehnte später nochmals und als Reisender begegnete. In der New York Times las ich einen Artikel über ihn und sein Buch „Cold Feat". Eine seiner Erkenntnisse, die er auf seinen vielen abenteuerlichen Trips als Alleinreisender weltweit gewonnen hatte, faszinierte mich: Er beschrieb in einer prägnanten und kurz gefassten Sprache, dass er auf diesen Ausflügen mit sich selbst seine Wirkung und Ausstrahlung auf andere Menschen erfährt. Ganz authentisch und unverfälscht. Ohne Schleier, die durch Mitreisende darüber gelegt werden könnten. Er bekomme in den Begegnungen auf diesen Reisen sich selbst völlig pur widergespiegelt: Ohne Glaubenssätze, die bereits über ihn zuvor gefällt oder über Dritte transportiert worden waren. Ohne Vorurteile, aber auch ohne Vorschusslorbeeren.

Wer wir sind und vor allem was uns dadurch möglich ist, beschränken wir selbst leider viel zu oft. Haben Sie sich schon einmal den Luxus gegönnt, sich in Ihrer Vorstellung auszumalen, dass alles – wirklich alles – für Sie machbar und erreichbar ist? Ohne Beschränkungen! Ohne dem Nachsatz: „Das wäre schön, ist aber für mich nicht möglich." Damit sind Visionen gemeint, die von den Grundgegebenheiten möglich sind, aber nicht vorstellbar. Was wäre aus Männern wie Dieter Mateschitz und Sir Richard Branson geworden, hätten sie sich nicht von einschränkenden Grenzen im Denken befreit?

Der eine agierte früher im Marketing einer Zahnpastafirma und hat heute einen eigenen Rennstall, ein Medienhaus und so nebenbei auch noch Piloten, die als Flugkünstler diverse Airshows bestreiten. Von seiner Basisidee eines Energygetränks ganz zu schweigen. Wo auch immer ich auf dieser Welt unterwegs bin, Red Bull ist schon dort.

Der andere war in der Mittelschule Legastheniker, verließ die Schule ohne Abschluss und wurde mittlerweile als Sir von der englischen Queen geadelt. Er nennt eine Airline und eine sagenhaft schöne Karibikinsel sein Eigen. Und noch viele andere Geschäftsideen, etwa sein Plattenlabel Virgin. Sein derzeit geschätztes Vermögen beträgt laut *Focus* 3,1 Milliarden Euro. Eines haben die beiden gemeinsam: Sie haben richtig viel Spaß dabei, ihre Visionen zu hegen und zu pflegen, sich voller Hingabe einem oder mehreren Zielen zu widmen. Sie haben Beschränkungen als Hemmschwellen für andere klassifiziert. Persönliche Einschränkungen und Beschränkungen galten und gelten für sie nicht!

Wer Grenzen überschreiten will, muss sich Herausforderungen stellen. Im ersten Moment mag dies unbequem und nicht erstrebenswert klingen. Wer sich jedoch darauf einlässt, stellt wahrscheinlich fest, dass er sogar Energie daraus gewinnen kann. Mehr noch: Je größer die Herausforderung, desto mehr wachsen wir an ihr.

Einer meiner Klienten in Deutschland ist dafür das beste Beispiel: Er sammelte als Kind beim Schulsport schlechte Erfahrungen und wurde zum absoluten Sportverweigerer. Zehn Jahre später war er mit 120 Kilogramm stark übergewichtig und wurde zum Militärdienst eingezogen. Dort wurde er so gedemütigt, dass er sein Leben radikal änderte und stark abnahm. Seine alten Gewohnheiten holten ihn jedoch während seines Studiums wieder ein. Doch dann begeisterte er sich für ein unglaubliches Ziel: Den 100 Marathon-Club. Die Begegnungen mit anderen Menschen führten dazu, dass er die Welt mit anderen Augen betrachtete. Fast nebenbei lief er die angepeilten 100 Marathons und wurde das weltweit jüngste Mitglied des 100 Marathon-Clubs. Seine wichtigste Erkenntnis: Er hatte gelernt, seine Stärken zu leben anstatt Schwächen zu verbessern. Marcel Heinig ist der Name dieses bemerkenswerten Mannes, dem ich mit meinem Literaturcoaching für sein Buch zur Verfügung stand. Er hatte sich vom Couch-Potato zum „härtesten Mann der Welt“ getrimmt. In seinem Geist war kein Platz für Beschränkungen. Mit seinen 30 Jahren hat er vor, seine Erfolgsbiografie zu veröffentlichen.

Wissen Sie, was Ihnen wirklich Spaß macht, wenn es keine Einschränkungen für Sie gibt? Was Sie antreibt, vorantreibt? Welchen Tätigkeiten und Zielen Sie sich voller Hingabe widmen möchten? Klingt nach einer einfachen Frage. In meinen Beratungen erlebe ich immer wieder, dass sich meine Klienten für die Beantwortung dieser Frage einige Zeit nehmen müssen. Und ich spreche von sehr gebildeten Menschen, wunderbaren Menschen, die in ihrem Leben bereits weit gekommen sind und zugleich noch nicht ganz bei sich selbst waren oder sind. In solchen Lebenssituationen hilft ein einfaches Gedankenspiel. Nehmen Sie sich Zeit, sich die nachfolgenden Sätze im Stillen vorzusagen oder laut auszusprechen und auf sich wirken zu lassen. Es ist ein Gedankenspiel für Ihre persönliche Freiheit.

Ich entscheide mich für mein Leben.
Ich glaube an das Gute im Leben.
Ich achte auf mein Wohlergehen.
Ich gehe den für MICH richtigen Weg.
Ich nehme mir den Raum, den ich brauche.
Ich weiß, was für mich gut ist.
Ich treffe die für mich richtigen Entscheidungen.
Ich bin offen für neue Möglichkeiten.

Sich selbst jede Freiheit im Denken zu schenken, ist eine schnell umsetzbare Sache. Dazu können wir zuhause und im bequemen Fernsehsessel verharren. Oder uns in andere Kulturkreise wagen, um gesellschaftliche Konventionen oder ein vorherrschendes Sicherheitsdenken leichter abstreifen zu können und Begrenzungen abzulegen. Dann kann die volle Entfaltung Ihrer Träume beginnen. Ich selbst habe mich für einige Wochen nach Indien begeben und mir dort die Freiheit geschenkt, mir eine andere Welt nicht nur temporär, sondern dauerhaft ins Leben zu holen. Das war ein Wagnis, eines, das mich viel Mut gekostet hat. Dass ich mich gut in dem völlig anderen Kulturkreis in Indien zurechtgefunden hatte, machte es mir leichter, mich für ein Leben im nicht ganz so fernen Berlin zu entscheiden. Die Unkompliziertheit, mit der Inder zwischen ihrem Land und den Arabischen Emiraten zum Geldverdienen hin- und herpendeln, eröffnete mir neue Möglichkeiten. Heute genieße ich mein Pendlerleben zwischen Wien und Berlin. Ich hob mein Entweder-oder-Denken auf und ersetzte es durch ein Sowohl-als-auch. Es bedarf Mut, eigene Beschränkungen aufzugeben, da sie uns auch Halt geben. Aber es eröffnet ein Spielfeld an neuen Möglichkeiten, das großen Spaß machen kann. Fast so wie in Kindheitstagen, wenn der natürliche Flow uns wegtreiben ließ und wir stundenlang im Spiel versanken.

Kennen Sie bei sich selbst bereits dieses locker-leichte Glücksgefühl, an das es anzuknüpfen gilt? Gelingt dies, kann diese angezapfte Quelle ein extrem starker Kraftspender für alle gegenwärtigen Herausforderungen sein. Der große Vorteil einer Reise mit sich allein ist: Sie bietet genug Zeit für sich selbst und alle möglichen Glücksgefühle. Im Alltag sind wir zumeist zu beschäftigt, um uns mit den Angelegenheiten zu beschäftigen, die wirklich Spaß machen und uns eine große Portion an Muße zu gönnen. Wenn wir das Beste aus uns und unserem Leben machen wollen, brauchen wir Zeit zum Spielen. Worin liegt die Quelle Ihrer persönlichen Vitalität und Lebensfreude? Es ist egal, was Sie tun. Hauptsache, Sie tun es gern!

Der Glaube über sich selbst: Fremdbild versus Selbstbild

„Der Gewinn eines langen Aufenthaltes außerhalb unseres Landes liegt vielleicht weniger in dem, was wir über fremde Länder erfahren, sondern in dem, was wir über uns selbst lernen."
(ROGER PEYREFITTE)

Ich mag Berlin im Sommer. Ich mag Berlin am liebsten im Sommer. Vor allem, seitdem ich meinen ersten Winter in dieser Stadt erlebt habe. Monatelanges Frieren stand am Programm!

Manchmal war es in meinem Leben gut, vorab nicht alle Konsequenzen meines Handelns zu kennen. Meine Entscheidung, nach Berlin zu gehen, um dort zu leben und zu arbeiten, war nämlich rein intuitiv. Ich habe sie an einem sonnigen Tag im Juli nahe dem Boxhagener Platz in Friedrichshain getroffen. Genau eine Woche nach meinem 40. Geburtstag. Mein Bauchgefühl, das mich zu dieser Entscheidung gebracht hatte, hat sich als hundertprozentig richtig erwiesen. Trotz diverser Kälteverstimmungen im darauf folgenden Februar: Ich liebe Berlin!

Was hatte mich dazu gebracht, nein, sogar richtiggehend gedrängt, in Berlin eine private und berufliche Dependance zu eröffnen? Warum wollte ich fern von Wien nochmals einen Neustart hinlegen? Es war doch alles so gut in Österreich eingespielt: Meine Auftraggeber und Klienten dicht gesät, mein Freundeskreis und Privatleben prall gefüllt. Was zog mich in den Hohen Norden? Ganz einfach: Ich wollte es noch einmal wissen! Ich wollte ganz tiefgreifend wissen, wer ich bin, wenn ich wie ein unbeschriebenes Blatt an einen neuen Ort komme.

Viele Fragen waren rund um meinen 40. Geburtstag in mir. Freunde, Bekannte oder berufliche Kontakte, die diese Grenze der Jahrzehnte ebenfalls überschritten hatten, veränderten sich teilweise. Manche meiner männlichen Freunde holten nochmals alles aus ihrem Körper heraus. Sie wurden zu Marathonläufern oder Triathleten. Andere richteten sich das Leben bequemer ein, entschieden sich statt dem Waschbrettbauch für einen Bierbauch. Bei den Frauen in meinem Umfeld ortete ich ebenfalls einen Stimmungswechsel rund um den Vierzigsten. Es schien, als ob plötzlich nicht mehr alles möglich, das Leben halb vorbei wäre.

Ich denke, es war diese aufgegebene Hoffnung auf ein Leben voller neuer Möglichkeiten, die in mir den starken Wunsch weckte, für mich wieder alles möglich zu machen; noch einmal neu anzufangen und mich auf eine neue Entdeckungsreise zu begeben. Heute weiß ich: Meine Entscheidung für Berlin war und ist die bisher längste Selbstentdeckungsreise meines Lebens. Ich habe an mich geglaubt. Ich glaubte, dass ich das gut schaffen werde. Und so war es, wie sich immer wieder zeigt: Vorhin am Weg zu meinem nur zehn Minuten entfernten Sporttraining traf ich meinen Nachbarn Stefan, einen sehr versierten Tontechniker, im Treppenhaus. Ein paar Stunden zuvor hatten wir gemeinsam einige Meditationen zum Download für meine Website in seinem Studio im Erdgeschoss aufgenommen. Obwohl dies hundertprozentig professionelles Arbeiten war, hatten wir eine Menge Spaß dabei, alles ging leicht von der Hand und wir waren beide mit dem Ergebnis sehr zufrieden. Nebenbei ist seine Frau Gesa eine exzellente Heilpraktikerin, die mich dieses Jahr gesund durch den Berliner Winter brachte. Danach schaute ich kurz bei Kirsten vorbei, einer Fotografin. Ihr Studio ist gleich über der Straße und wir vereinbarten einen Termin für ein Fotoshooting in den kommenden Tagen. Ein paar Meter weiter traf ich Alienor und ergriff die Gelegenheit, für Sonntag einen Massagetermin bei ihr zu buchen. Innerhalb von zehn Minuten hatte ich Berufliches und Privates mühelos und unkompliziert erledigt. Mit Menschen, die ich von Herzen mag. Berlin war und ist, neben Wien, für mich der richtige Ort zur richtigen Zeit. In meiner Straße lässt es sich gut leben und arbeiten. Dessen bin ich mir sicher!

Diese Glaubenssätze, diese angenommenen inneren Wahrheiten, von denen wir überzeugt sind, prägen unser Denken, Fühlen und Handeln. Sie sind wie ein Gerüst, das wir erbauen und an dem wir uns entlangtasten. Doch es gibt auch einschränkende Glaubenssätze. Im täglichen Leben klingen solche Einschätzungen, die wir von anderen übernommen haben, etwa so: „Mama meinte immer, ich sei als Kind so ängstlich gewesen. Also kann ich es mir nicht vorstellen, an einen fremden Ort zu reisen." Oder: „Mein Partner wirft mir vor, ich sei wie eine Klette. Der glaubt, ich kann unmöglich drei Tage allein verbringen."

Dabei übersehen wir oft: Wenn wir etwas glauben, ist dies nur eine mögliche Sicht der Dinge und nicht die einzige Perspektive, wie wir etwas und vor allem uns betrachten können. Vielleicht war und ist die eigene Mutter selbst ängstlich und man hat ihre Sicht übernommen, ohne zu realisieren, was an fremden Orten schon Wunderschönes erlebt wurde – ohne Furcht. Generell sollten sie nicht verteufelt werden: Glaubenssätze und Überzeugungen geben uns Halt und ein Gefühl von Sicherheit. Sie können aber auch ein Schutz vor Enttäuschungen sein, à la: „Wenn ich niemanden mehr an mein Herz heranlasse, dann kann ich auch nicht mehr verletzt werden."

Was hat es mit dem Glauben auf sich? Er scheint eine uralte Kraftquelle zu sein und ist als Maxime aller Religionen oftmals die Basis des Lebens, gleich ob im Katholizismus, Buddhismus oder Hinduismus.

So wird die Glaubensfrage im Großen auch eine Glaubensfrage über uns selbst: Was glaube ich über andere?, und vor allem: Was glaube ich über mich selbst?

Was ist mein Selbstbild? Was ein Fremdbild? Oftmals sind diese Einschätzungen zur eigenen Person sehr von den Meinungen anderer getragen. Das Bild, das andere von uns haben, kann somit schnell zum eigenen Denken über sich selbst führen. Doch ist es das, was es gilt zu sein? Was jeden Einzelnen von uns wirklichkeitsnah beschreibt?

Sinnvolle Fragen an uns selbst sind es auch, die jede Reise bereichern und unser Selbstbild einem Gegencheck durch ein Fremdbild unterziehen. Kennen Sie diese Fragen? Darf ich Ihnen einige davon stellen?

Beginnen wir mit einer einfach klingenden und zugleich völlig tiefgreifenden Frage: Was glauben Sie über sich? Ihr Glaube an sich und über die Welt entscheidet nämlich über Ihr Leben. Menschen, die ein positives Selbstbild haben, erreichen leichter hochgesteckte Ziele. Sehr oft im Leben werden wir vor Prüfungen und Entscheidungen gestellt, und die meisten von uns glauben, nicht selbst darüber entscheiden zu können, wie ihr Leben weiter aussehen wird.

Manchmal handeln wir erst, wenn der Schmerz am größten ist. Manche versuchen selbst dann, blind über diverse Tatsachen hinwegzusehen. In Wirklichkeit haben wir alle viel mehr Chancen, Ressourcen und Möglichkeiten als wir denken. Diesen Faktor übersehen leider viele. Manche baden in ihrem eigenen Selbstmitleid, ohne über die vielfältigen Möglichkeiten nachzudenken, die jedem und jeder von uns offenstehen. Die nachstehenden Tatsachen werden als unumstößlich angesehen. Der Glaube an sich selbst ist nicht groß genug, um Tatsachen zu den eigenen Gunsten zu ändern.

Ich gebe Ihnen einige Beispiele, welche Tatsachen oftmals als unveränderbar angesehen werden, aber es nicht sind: Sind Sie in einer schlechten Beziehung gefangen? Oder hoch verschuldet? Haben Sie zu wenig Zeit für sich selbst, weil zu viel zu tun ist? Vielleicht passen Ihnen Ihre Lebensumstände nicht? Ihnen gefällt Ihr Job nicht wirklich, Sie quälen sich nur mehr? Manche hadern ein Leben lang mit einer ungesunden Ernährung, zu vielen Zigaretten oder zu viel Alkohol. Ist das alles wirklich unveränderbar? Zumeist überschätzen wir diverse Ergebnisse, spielen unsere bisherigen Leistungen herunter, und ehe wir es uns versehen, haben wir ein völlig falsches Bild von uns entworfen.

Unser Glaube versetzt Berge! Ein Sprichwort, das viele kennen. Wofür steht das „Berge versetzen"? Es steht dafür, große und erstaunliche Wirkungen hervorbringen zu können, etwas zu erreichen, das nicht alltäglich ist. Ein Glaube, der Berge versetzt, bedeutet, etwas für wahr zu halten, das gegenwärtig noch nicht sichtbar ist. Es bedeutet, an etwas zu glauben, auch wenn der momentane Anschein dagegen spricht. Wir können an uns selbst glauben. Wenn man das auch in Situationen macht, die völlig ausweglos erscheinen oder in denen wir uns selbst als unzureichend empfinden, dann ist genau das der Glaube, der Berge versetzt.

Lassen Sie uns zu unseren Reisen mit uns allein zurückkommen: Trauen Sie es sich zu, allein unterwegs zu sein? Haben Sie Bedenken? Welche Details schließen Sie für sich aus? Ist es die Woche im Kloster oder der Trip quer durch Asien, die Sie Ihrem Gefühl nach nicht gut meistern könnten? Haben Sie Bedenken, allein für drei Tage in das schicke Wellnesshotel zu fahren, in dem Sie zuletzt mit Ihrem Partner waren? Wollen Sie nicht ohne Ihre Freundin zum Städtetrip nach Barcelona starten?

Wenn wir allein auf Reisen sind, dann zeigen sich der Glaube an uns selbst und dessen Auswirkungen sehr klar und deutlich. Und auch, was andere von uns glauben, wird ersichtlich. Wenn Sie mit jemandem Freundschaft auf einer Ihrer Reisen schließen und sich in Gesprächen austauschen: Was sehen andere in Ihnen? Wie zeigen Sie sich? Was zeigen Sie anderen von sich? Welche Teile Ihrer Persönlichkeiten präsentieren Sie, welche halten Sie lieber versteckt? Welche Menschen fühlen sich von Ihnen angezogen? Wer will sich freundschaftlich annähern? Welche neuen Charaktereigenschaften entdecken andere in Ihnen, die Sie selbst noch nicht an sich kennen?

Die Zeit auf Reisen kann ungemein guttun, wenn man beginnt, diese Haltungen und Einschätzungen, die man sich selbst gegenüber hat, vorsichtig und achtsam zu hinterfragen. Dabei gilt es, keine Anklage gegen sich selbst zu erheben, sondern sich als einen Diamanten anzusehen, den man bestaunt und begutachtet, um seinen Wert richtig einzuschätzen. Und jetzt die gute Nachricht: Der Glaube über uns selbst ist veränderbar. Wenn wir daran glauben, dass wir uns weiterentwickeln können, dann sehen wir auch unsere momentanen Fähigkeiten klarer. Vieles wird plötzlich möglich, das zuvor unerreichbar erschien. Wir haben die Möglichkeit, zu diesem außergewöhnlichen Menschen zu werden, der wir sein können. Wer von uns will das nicht?

Ihr kurzer Weg zu sich selbst

- Werfen Sie alle Beschränkungen über Bord: Leinen los und Schiff ahoi!
- Nutzen Sie die Chance der Selbsterfahrung: Erfahren Sie sich selbst in der Begegnung und beim Kennenlernen von Menschen auf Ihrer Reise.
- Phantasieren Sie: Wenn ich ein großes Reiseziel hätte, dann wäre dies ... Alles ist möglich!
- Pilgern Sie zu sich selbst, ziehen Sie sich mit sich selbst zurück!
- Glauben Sie an sich selbst!
- Staunen Sie über sich selbst!
- Stellen Sie sich Ihren Ängsten und überwinden Sie diese Stolpersteine auf Ihrem Reiseweg!
- Nehmen Sie sich Raum für Ihr Denken und bei Ihren Übernachtungsmöglichkeiten: Leisten Sie sich Größe!
- Erklimmen Sie einen Berg, in Gedanken oder in der Wirklichkeit, und spüren Sie, wie es ist, ganz oben zu sein!
- Am Tagesziel angelangt: Genießen Sie den Erfolg des Ankommens und das Glücksgefühl der Einkehr mit jeder Faser Ihres Körpers!

Kapitel 4

SELBSTVERTRAUEN: ES GIBT FÜR ALLES EIN ERSTES MAL

Vom Mut, Neues zu tun

„Je nachdem, wie viel Mut ein Mensch hat,
schrumpft oder weitet sich sein Leben.“
(Anaïs Nin)

Es ist ungewohnt still. Nur wenige Autos sind auf den Straßen, und wenn, sind es zumeist Taxis. Kaum ein Mensch ist zu sehen, sie haben sich alle in ihr Heim zurückgezogen. Langsam und bedächtig schlendere ich durch die Straßen New Yorks, der Stadt, die niemals schläft. Im Big Apple ist rund um die Uhr etwas los. Und doch gibt es einmal im Jahr 24 Stunden lang einen Ausnahmezustand, der Weihnachten heißt. Christmas wird traditionell zuhause verbracht, und am 25. Dezember sind die Shops geschlossen. Alle? Nein!

Nachdem New York auch ein Melting Pot unterschiedlichster Kulturen ist, mache ich mich am Christtag auf in den jüdischen Teil von Brooklyn. Sofort bin ich nicht mehr allein auf der Straße, sondern schlendere zwischen Orthodoxen und deren Familien umher.

Wenn wir zurück in unsere Kindheit blicken und auf den Weg, den wir bisher zurückgelegt haben, dann erkennen wir, dass wir bis zum heutigen Tag nur gekommen sind, weil wir Widerstände überwunden haben. Kaum jemand von uns erinnert sich daran, wie er gelernt hat, sich auf seinen Füßen fortzubewegen. Und niemandem von uns ist das auf Anhieb gelungen. Sicherlich fielen auch Sie anfangs immer wieder nieder, nicht alle Versuche der ersten Schritte waren mit Erfolg gekrönt. Was hätte es für Ihr derzeitiges Leben bedeutet, wenn Sie zu sich gesagt hätten: „Das schaffe ich nicht. Diese Erfahrungen sind zu schmerzlich, ich krabble einfach auf allen Vieren weiter durchs Leben."

Das Resultat wäre gewesen, dass Sie sich in Ihrem Leben freiwillig auf einen äußerst kleinen Handlungsrahmen beschränkt hätten. Zwar wären Ihnen die mit Schmerzen verbundenen Empfindungen des Hinfallens zukünftig erspart geblieben, aber es wäre der hohe Preis einer lebenslänglichen Abhängigkeit zu bezahlen gewesen. Doch in der Kindheit steckte in uns ein so großer und unbändiger Lebenswille, der uns geradezu antrieb, bestehende Grenzen zu erweitern und Neues auszuprobieren. Diese unbändige Kraft und Neugier lässt leider mit fortschreitendem Alter nach.

Die gute Nachricht: Es ist möglich, Kraft und Neugier über die Entschlusskraft des Bewussten wieder zu entfachen. Das bedeutet, dass die Weiterentwicklung in unserem Leben, sowohl im Materiellen als auch im Spirituellen, uns als Erwachsene nicht mehr einfach in den Schoß fällt. Aber mithilfe eines bewussten Willensaktes erreicht werden können. Wir müssen etwas dafür tun, nämlich uns in Bewegung setzen und uns auf den Weg machen – geradewegs auf Hindernisse und Ängste zu.

Graue Theorie? Dann lassen Sie uns doch wieder in die Praxis wechseln: Rund um Weihnachten allein nach New York zu reisen war eine meiner mutigsten Taten und zugleich eine enorm bereichernde Zeit. Einerseits, weil die Stadt an sich bereits eine Herausforderung ist: laut, schrill, bewegt und schnell. Voller Angebote und Verführungen. Auf den Straßen tummeln sich unzählige Menschen, und trotzdem kann man nirgendwo so einsam sein wie inmitten dieser hektischen Menge und der vorherrschenden Betriebsamkeit. In New York zählen Zeit und Geld. Man hat keine Zeit, außer um Geld zu machen. Und schon gar nicht zu Weihnachten. Diese Zeit gehört der Familie und dem Austausch der zuvor im Shoppingwahn erbeuteten Gaben.

Aus all diesen Gründen hatte ich mich rund um Weihnachten 2012 für „Katrin allein in New York" entschieden. Ich nahm dafür all meinen Mut zusammen: Wenn ich über das Alleinreisen schreiben wollte, so sollte nach der Pflicht auch noch die Kür folgen, also das Meisterstück absolviert werden. Mir war vor meiner Abreise mulmig bei dem Gedanken. Dieses Gefühl stellte sich dann auch punktgenau am 24. Dezember nachmittags wieder ein. Die letzten Läden schlossen ihre Tore, sogar Tankstellen und 24/7-Shops schalteten ihre Leuchtreklamen ab. Fast gespenstisch waren diese Momente. Kaum jemand war, so wie ich, allein unterwegs. Nur Menschengruppen, zumeist Paare oder Familien, machten sich noch gemeinsam auf den Weg.

Bei mir machte sich hingegen Unsicherheit breit. Hätte ich lieber doch das Angebot von lieben Freunden annehmen und bei ihnen in Washington D.C. feiern sollen? Was war das bloß für eine Schnapsidee von mir gewesen? Wie würde der Abend werden? Okay, allein zu Abend essen war ich gewohnt, doch nicht am Heiligen Abend. Diesem Gedanken folgten weitere, um einiges konstruktivere. Warum war dies ein besonderer Abend? Wer machte ihn dazu? Nicht alle Kulturen ordneten diesen Tag als heilig ein, sondern gingen weiter betriebsam ihren Geschäften nach. Warum ließ ich mich als nicht konform, also der Norm entsprechend klassifizieren, wenn ich die Stunden des Heiligen Abends und den darauffolgenden Feiertag allein mit mir verbrachte? Warum fühlte ich mich wie ein Restposten der Gesellschaft? Was machte mir Angst?

Angst ist grundsätzlich nichts Negatives, sondern kann unser Freund sein. Für unsere Angst besteht immer ein guter Grund. Sie zum Verschwinden zu bringen gelingt uns, indem wir uns mit ihr auseinandersetzen, uns sinnbildlich gemeinsam mit ihr an einen Tisch setzen. Wir alle kennen Sätze wie „So ist das eben" oder „So wurde das schon immer gemacht". Viel Raum für Neues besteht innerhalb solcher Sichtweisen nicht. Sie können jedoch auch gut sein. Das Rad immer wieder neu zu erfinden, kann mühsam sein – sich selbst zu verändern und neu zu kreieren, hingegen Spaß machen.

Woher kamen meine Ängste an diesem 24. Dezember in New York? Allein zu sein ist ein gewohnter und auch geliebter Teil meines Lebens: Ich arbeite als „One-Woman-Show", bin zumeist allein zu Seminaren und Terminen weltweit unterwegs.

Einen Großteil meiner Lebenszeit stehe ich in einem intensiven Austausch mit anderen, treffe weltweit viele Menschen, pflege Freundschaften, Beziehungen und Bekanntschaften sowie berufliche Kontakte. Ich fühle mich selten als sozial am Rand stehend. Mein Lebensgefühl ist: mittendrin und gut vernetzt.

Warum beschlich mich auf meiner New York-Reise am Weihnachtstag dieses mulmige Gefühl? Woher kam dieses Bild eines sozialen Restpostens? Wer machte mich dazu? Die Sichtweise der Gesellschaft? Oder vielleicht gar nur ich mich selbst? Warum hatte ich so große Angst, dass ich nicht genug Mut aufbringen würde, den Heiligen Abend mitten in New York allein zu verbringen?

Kennen Sie die Definition von Mut? Mich hat interessiert, wie beispielsweise Wikipedia diesen abstrakten Begriff beschreibt: „Mut, auch Wagemut oder Beherztheit, bedeutet, dass man sich traut und fähig ist, etwas zu wagen. An die sprachlich alte Verwendung angelehnt, bezeichnet Mut, insbesondere in Wortzusammensetzungen auch die allgemeine seelische Stimmung (= Gemüt). Mut wird oft fälschlich als Gegenteil von Vorsicht oder Besonnenheit gesehen, setzt diese jedoch in vielen Situationen voraus, um Gefahren und Risiken in Grenzen zu halten. Mangelnde Vorsicht lässt vermeintlichen Mut oft in Unbedachtheit oder Leichtsinn übergehen."

Wofür brauchen wir Mut im Leben? Immer dann, wenn wir Neues wagen! Wenn wir nicht alle Auswirkungen kennen, die unsere Entscheidungen mit sich bringen. Wenn wir Neuland betreten oder wenn wir uns anderen Menschen gegenüber öffnen. In Partnerschaften, denn Liebe ist nichts für Feiglinge. Wenn wir in Situationen angreifbar und verletzbar sind. Mut wird zumeist als männliche Domäne angesehen. In Kinofilmen wimmelt es von männlichen Helden, die ihren Einsatz mit dem Leben bezahlen würden. Es sind Ritter in edlen Rüstungen. Kluge Köpfe, die ihren Geist in den Dienst einer großen Sache stellen. Männer, die das Herz am rechten Fleck haben.

Warum kann das Alleinreisen diesen Prozess fördern? Weil Mann und Frau auf einer Reise mit sich allein angreifbarer und verletzbarer sind als im Alltag und zuhause. Neue Wege, allein beschritten, bedürfen neuen Mutes. Wir wissen oftmals nicht, was nach der nächsten Wegkreuzung auf uns wartet; wie die nächsten 24 Stunden sein werden und ob die Dämonen der Nacht über uns herfallen werden, wenn unsere tiefsten inneren Ängste zutage treten. In Momenten, in denen niemand neben uns liegt, den wir aufwecken können und der uns in den Arm nimmt. In solchen Momenten können wir nur eines machen: uns selbst in den Arm nehmen und uns Mut zusprechen. Und wenn Sie das einmal erlebt haben, also sich selbst weinend in einem Hotelzimmer irgendwo auf dieser Welt Mut zugesprochen haben, dann wissen Sie, dass Sie sich selbst auch im Alltag und zuhause immer wieder Mut zusprechen können. Dieses wunderbare Gefühl der inneren Sicherheit wünsche ich Ihnen!

Wo stehe ich? Wohin soll ich wann gehen?

„Life begins at the end of your comfortzone."
(Neale Donald Walsch)

Kennen Sie das Geheimnis Ihres Schicksals? Oft kommt uns das Leben vor wie ein großes, dickes Buch. Je nachdem, in welchem Alter wir sind, können wir auf gefüllte Seiten blicken: Zeile für Zeile und Kapitel für Kapitel von uns selbst geschrieben. Viele Geschichten reihen sich aneinander. Einige davon sind fröhlich und voller Abwechslung, andere bedrückend und voller Ängste. Und dann gibt es noch die unbeschriebenen Seiten in unseren Lebensbüchern. Womit wollen Sie Ihre leeren Seiten füllen. Was erfüllt Sie?

Wenn wir durch unser Lebensbuch blättern, wollen wir verstehen. Wir halten in diesen Momenten sinnbildlich unser Leben in der Hand, wollen es begreifen, die Chance ergreifen, um mehr daraus zu machen. Wieso bestimmte Ereignisse so geschehen sind und nicht anders. Was der rote Faden im eigenen Leben ist. Man ist versucht, eine Ordnung zu finden, eine Struktur, um das Geheimnis zu entdecken, das in diesem Buch steckt, hinter unserem Leben steht.

Vielen hilft dabei die Theorie des 7-Jahres-Rhythmus: Alle sieben Jahre bietet sich demnach die wunderbare Chance der Rundumerneuerung. Schließlich geht die Wissenschaft davon aus, dass sich unsere Körperzellen alle sieben Jahre erneuern. Auch unser Geist und unsere Seele sollen diesem Rhythmus folgen. Wenn es ihn wirklich gibt, dann können wir ihn doch auch für unsere Reiseideen nutzen, um zur rechten Zeit am rechten Ort zu sein.

Die Zahl Sieben strahlt eine besondere Magie aus: Bereits die Babylonier verehrten sie als heilige Zahl. In mehreren der großen Weltreligionen spielt die Sieben eine besondere Rolle, etwa bei der Erschaffung der Welt in sieben Tagen oder den sieben Sakramenten. Eine Woche hat sieben Tage. Wir selbst packen unsere „Siebensachen", manche fürchten sich vor dem „verflixten siebenten Ehejahr", und auch in der Astronomie hat die Zahl einen besonderen Stellenwert, da wir genau sieben Planeten mit bloßem Auge wahrnehmen können.

Diese 7-Jahres-Schritte haben jeweils ihre ganz besonderen Qualitäten. Für jede Phase gibt es Schwerpunkte. Unser Lebenszyklus bedingt in diesen unterschiedlichen Phasen unterschiedliche Anforderungen und Chancen. Den 7-Jahres-Schritten liegt die Theorie zugrunde, dass es wichtig ist, zur rechten Zeit am rechten Ort zu sein. Dass es für die berufliche Karriere und unseren Lebenssinn oft entscheidend ist, im richtigen Moment die richtigen Leute zu treffen, beherzigen die meisten Menschen. Warum nicht auch in der Liebe? Auch hier gibt es magische Momente, in denen wir unbewusst bereit für eine Begegnung des Herzens sind.

Manchmal ist es für unsere Entwicklung aber auch wichtig, ein Stück allein zu gehen. Vor allem unfreiwilligen Singles sei dies ans Herz gelegt: In diesen Zeiten könnten Sie noch so intensiv Ausschau nach einem Partner halten, es wird und soll sich einfach nichts ergeben, Sie werden ihn nicht finden. Diese Zeiten könnten und sollten auch für Reisen mit sich selbst und allein genutzt werden. Eine Begegnung mit dem anderen ist immer auch ein Aufeinandertreffen von verschiedenen Zeitqualitäten. Jeder Mensch auf dieser Welt ist untrennbar mit seiner eigenen und inneren Zeitqualität verbunden. Was ist Ihre innere Zeitqualität? Wo stehen Sie? Wohin sollten Sie wann gehen und sich auf den Weg machen?

Lassen Sie uns doch einen gemeinsamen Blick auf diese Phasen werfen. Vielleicht ist für Sie auch Inspiration für die eine oder andere Reiseidee darin enthalten:

Zwischen 15 bis 21 Jahren: Als Jugendlicher ist man auf der Suche nach seiner seelischen Heimat. In dieser Phase ist es wichtig, dass Hilfe, Sicherheit und Vorbilder existieren. Reisen, die die innere Stabilität stärken, unterstützen diese Suche. Sprachferien und Ähnliches helfen, die Welt in einem sicheren Umfeld und zusätzlich eigene Fertigkeiten zu entdecken.

Zwischen 22 bis 28 Jahren: Das Ich wird von der Welt geformt. Man wird selbstständiger, nimmt immer mehr das Schicksal in die eigene Hand. Vorhandene Talente sollten genutzt werden, damit sie nicht verloren gehen. Dazu kann es etwa zählen, als Au-Pair in ein anderes Land zu gehen, sich als Animateur sein Geld auf Reisen zu verdienen oder ein Auslandssemester oder -studium anzudenken.

Zwischen 29 bis 35 Jahren: Unser Ich formt nun die Welt. In dieser Phase sind wir sehr leistungsfähig und auch körperlich auf einem Höhepunkt. Unser Charakter wird gefestigt, die eigenen Vorstellungen werden dem Realitätscheck unterworfen. Die Energie wird für Familie, den Beruf oder ein anderes wichtiges Thema eingesetzt. Spätestens in dieser Phase sollte das Reisen allein versucht und ins Leben integriert werden. Diese Unabhängigkeit fördert den Mut und unterstützt das eigene Ich bei der Gestaltung seiner Welt.

Zwischen 36 bis 42 Jahren: Diese Phase steht unter dem Zeichen des „Aussortierens". Was ist gut und soll bleiben? Was soll gehen? Entscheidungen können korrigiert werden, innere und äußere Konflikte werden ausgetragen. Rückzüge und Kuraufenthalte wirken wohltuend. Dies hilft, die eigene Work-Life-Balance zu finden und zu halten; oder auch große Abenteuer zu bestehen – wie den Kilimandscharo besteigen oder Triathlet werden –, einfach sich selbst zu zeigen, was alles möglich ist.

Zwischen 43 bis 49 Jahren: Oftmals wird in diesen Jahren die Berufung klarer, der eigene Blick weitet sich. Man steht dem Leben nochmals offener gegenüber. Die körperlichen Kräfte beginnen nachzulassen, das Schicksal zieht seine erste Bilanz. Seminarreisen, Weiterbildungen fern der Heimat und andere inspirierende Reisen können in dieser Phase den Weg vom Beruf zur Berufung unterstützen.

Zwischen 50 bis 56 Jahren: Die Macht des Schicksals kann sich in dieser Phase nochmals zeigen: Es offenbart uns, wo wir Widerstand geleistet haben und zeigt uns im Gegenzug, wo wir am richtigen Weg waren. Es ist eine Zeit des Erfolgs – im positiven wie im negativen Sinne: Es erfolgt, was wir gesät haben. Dies ist eine Zeit, um Bilanz zu ziehen. Vielleicht in einem Landhaus in Schweden oder in einer Finca im Süden? Egal, wo eine zweite Heimat gefunden wurde: An solche Orte zu reisen dient der Einkehr und weiteren Sinnfindung.

Zwischen 57 bis 63 Jahren: Die geistigen Kräfte beginnen stärker zu werden als die körperlichen. Es ist die Zeit der Reife angebrochen, man kann auch von einer Befreiung des Ich sprechen. Wichtiges wird nun leicht von Unwichtigem unterschieden, das Loslassen fällt viel leichter. In dieser Phase kann die eigene Kreativität nochmals zur Entfaltung drängen oder auch Talente für neue Abenteuer, die innerlich unentdeckt schlummern. Ein Malkurs in der Toskana oder das Absolvieren des Küstenpatents für Segler an der Côte d'Azur kann diese Sehnsucht beispielsweise stillen.

Zwischen 64 bis 70 Jahren: Ausgeglichenheit ist das Geschenk dieser Jahre, Widersprüchlichkeiten können besser integriert werden. Man erinnert sich an alte, lang gehegte Träume und erfüllt sich manche davon. Das Empfinden von Raum und Zeit verändert sich. Es können sich nochmals neue Möglichkeiten ergeben. Die Familienbande und der bestehende Freundeskreis werden mehr wertgeschätzt. In dieser Phase können etwa ein paar Tage mit den Enkeln sehr wohltuend sein. Sicherlich gibt es Orte und Reisen, die bereits absolviert wurden, und es macht Spaß, diese Welten mit den Sprösslingen zu teilen.

Zwischen 71 bis 77 Jahren: Der eigene Platz auf dieser Welt ist gefunden. Von dieser Warte aus lässt sich noch einmal mehr Freiheit gewinnen. Die Kräfte schwinden zwar weiter, doch das Lösen von Zwängen und Pflichten erleichtert das Leben. Der Geist beschäftigt sich mit Leben und Tod. Vielleicht gibt es Lehrmeister, deren Theorien den eigenen Lebensfaden rückblickend besser erklären. Die Offenheit für Mystik ist gewachsen und man sucht eventuell danach, diesen Wissensdurst zu stillen, an dafür passenden Orten und mit sich selbst und allein.

Zwischen 78 bis 84 Jahren: Ab jetzt und auch in allen nachfolgenden Jahren beginnt die Phase der Akzeptanz. Die Einsicht, dass das eigene Leben endlich ist, lässt auch oftmals Bilder aus der Kindheit und Jugend zurückkehren. Diese Jahre sollten genutzt werden, um in Demut den Lauf der Welt zu erkennen und Frieden mit sich und anderen zu schließen. Je nach körperlicher Rüstigkeit kann diese Zeit für eine Rückkehr an wichtige Lebensstationen und -situationen genutzt werden – um das eigene Lebensbuch nach dem Lesen der letzten Seiten in Frieden mit sich selbst jederzeit schließen zu können, bereit zu sein für den Abschluss des Lebens.

Neuer Weg, neues Glück?

„Der sicherste Weg zum Erfolg ist immer,
es doch noch einmal zu versuchen."
(Thomas Alva Edison)

In der Phase meiner Lebensmitte habe ich mir noch einmal eine Portion Weiterentwicklung verordnet: Ich liebe es zu lernen und neue Erfahrungen zu machen. Neue Impulse setzen auch neue Denkweisen in mir frei. Am liebsten fördere ich diesen Prozess auf Reisen. Den größten Clou zu meinem persönlichen Glück wagte ich, wie bereits beschrieben, genau eine Woche nach meinem 40. Geburtstag. Ich war bei Freunden zu Besuch in Berlin, schlenderte durch die Stadt und wusste: Hier will ich leben und arbeiten. Dies sollte meine bisher längste, interessanteste und intensivste Reise zu mir selbst werden.

Drei Monate später fuhr der Umzugswagen vor meiner neuen und zusätzlichen Dependance in Berlin vor. Es klappte alles wie am Schnürchen. Imaginäre Türen öffneten sich, und ich wurde wie von einer unsichtbaren Hand geführt. Dadurch wusste ich, dass dies alles richtig und gut für mich sein würde. Das war vor über einem Jahr und hat sich zu hundert Prozent bewahrheitet. Mittlerweile pendle ich zwischen Wien und Berlin, habe hier und dort interessante berufliche und private Kontakte und inspiriere mich selbst immer wieder auf weiteren Reisen. Auf diversen Autofahrten habe ich in den vergangenen Monaten mehr von meinem neuen und zweiten Heimatland entdeckt und festgestellt: Österreich ist wunderschön, Deutschland ebenfalls! Und je nachdem, wo es die besten Flugverbindungen gibt, hebe ich in Wien oder Berlin in die Ferne ab.

Hätte ich selbst nicht immer wieder den Mut gehabt, mich neu auf den Weg zu machen und Veränderungen initiiert, hätte ich mein Lebensglück nicht gefunden. Das Leben ist eine Reise. Nur unsere Offenheit für Veränderung bringt uns weiter. Ich hatte schon einmal zuvor in meinem Leben eine radikale Veränderung herbeigeführt und diese nie bereut, sondern als ersten Schritt zu meinem Lebensglück gesehen. Denn der Beginn meiner beruflichen Laufbahn war ganz anders orientiert: Mein Vater lebt als erfolgreicher Architekt seine Berufung, und als Erstgeborene war es damals mit 14 Jahren naheliegend, dass ich ebenfalls diesen Weg einschlage. Das bedeutete den Abschluss der Höheren Technischen Lehranstalt für Hochbau und fünf Jahre Architekturstudium an der TU Wien. In dieser Zeit entsprangen meiner Feder einige Bauwerke.

Doch dann kam der Punkt, an dem ich erstmals und grundlegend meiner Intuition folgte. Ich wusste plötzlich, dass ich nicht mehr weiter am Computer sitzen und zeichnen, sondern mit vielen Menschen im Austausch sein wollte. Es bedurfte einer großen Portion Mut, dem Wechsel zum Publizistikstudium und der Ausbildung zum Coach, um mich selbst auf den für mich richtigen Weg zu bringen. Wie heißt es im Gedicht *Stufen* von Hermann Hesse so schön: „*… jedem Anfang wohnt ein Zauber inne.*“

Meine eigene Lebensreise hat immer wieder Veränderungen mit sich gebracht. Ich habe oftmals den Zauber des Anfangs gesucht und romantisch genossen. Und zugleich galt es, einen guten Rhythmus für meinen Alltag zu finden und diesen wertzuschätzen. Das Ziel war, bei mir selbst anzukommen. Der nächste Schritt ist, andere auf ihrem Weg der Selbstverwirklichung zu begleiten.

Auch wenn ich von meiner technischen Berufsausrichtung Abschied genommen habe: Rückblickend betrachtet waren beispielsweise die zehn Jahre Ausbildung in der Architekturbranche sehr förderlich für mein Denken. Neuer Weg, neues Glück? Ja! Viele schätzen meine logische und strukturierte Klarheit und meine Art querzudenken. Das ist eine Ressource, die ich während meiner Jahre in der Baubranche gewonnen habe. Früher zeichnete ich Einreichpläne, heute unterstütze ich meine Klienten beim Skizzieren und Verwirklichen ihrer Lebenspläne. Es erfüllt mich, sie auf ihrer Lebensreise zu begleiten. Danke, dass ich Sie mit diesem Buch auch ein Stück Ihres Lebenswegs begleiten darf!

Ihr kurzer Weg zu sich selbst

- Sollten Sie einmal stolpern: Stehen Sie auf und gehen Sie aufrechten Hauptes weiter auf Ihrem eigenen Weg!
- Machen Sie es sich leicht: Peilen Sie Ziele an, die Sie erreichen können!
- Vertrauen Sie auf sich, dass sie Ihre Ziele erreichen!
- Füllen Sie die Seiten Ihres Lebensbuches mit allerlei Interessantem: Schreiben Sie ein Reisetagebuch!
- Nutzen Sie die Chance jeder Reise: Schätzen Sie aus dieser örtlichen Distanz Ihren Alltag und werden Sie sich Ihres aktuellen Standortes im Leben bewusst!
- Kreieren Sie von dort aus den nächsten Reise- und Lebensabschnitt!
- Leben Sie auf Ihren Reisen all das, was Sie einzigartig macht: Ihre Potentiale, Ihre Fähigkeiten und Ihre Ideale!
- Folgen Sie bei jeder Wegzweigung Ihrer Intuition!
- Ändern Sie auch einmal spontan Ihre Reisepläne und erfreuen Sie sich daran, dass Sie Ihr eigener Reiseführer sind!
- Jede Reise hat unterschiedliche Abschnitte, jedes Leben auch: Nehmen Sie das Gefühl des Aufbrechens, des Am-Weg-Seins und des Ankommens ganz bewusst wahr!

Kapitel 5

SELBSTWERT: WELCHE REISEZIELE WIRKEN STÄRKEND?

Welche Reise passt zu Ihnen?

„Jede Reise ist wie ein eigenständiges Wesen, keine gleicht der anderen.“
(John Steinbeck)

Ich bin eindeutig immer wieder in meinem Leben völlig *proaktiv* unterwegs. Das sind die Momente, in denen es mich drängt, etwas Neues auszuprobieren, eine Idee zu kreieren und diese mit viel Kreativität zu bedenken. Generell genieße ich es, neue Welten zu entdecken, in mir selbst und auf der Welt. Bei meinen Reisen habe ich beispielsweise nach *außen* und *optional orientiert* unterschiedliche Ernährungsmethoden ausprobiert: Heilfasten in einem Kloster, die F.-X. Mayr-Ernährung im schönen VIVA-Luxuskurhaus am Wörthersee und Metabolic-Balance in einem Hotel im burgenländischen Stegersbach. Ein besonderes Highlight für mich war, die Ernährung nach den Prinzipien des Ayurveda während meiner mehrwöchigen Indienreisen kennenzulernen; vollkommen authentisch in Kerala, dem Ursprung dieser Lehre des „Wissens vom Leben“. Nach dem Sammeln all dieser Erfahrungen habe ich mir letztendlich meine eigene gesunde Lebensweise kreiert. Weil ich weiß, wie ich ticke. Weil ich mittlerweile die Metaprogramme meines Denkens kenne.

Kennen Sie Ihre Metaprogramme? Nein? Und habe ich Sie vielleicht mit diesen Begriffen verwirrt? Fragen Sie sich, was damit wohl gemeint ist? Die Bezeichnungen dieser Metaprogramme stammen aus dem Wissen, das die Sprach- und Verhaltenswissenschafterin Shelle Rose Charvet in ihrem Buch „Wort sei Dank“ aufbereitet hat. Ich darf Ihnen daraus ein paar Auszüge präsentieren, denn dadurch können Sie sich selbst und Ihre persönlichen Funktionsweisen noch besser kennenlernen. Lassen Sie sich auf eine Reise in Ihre Innenwelt entführen. Dorthin, wo Ihre Motivationsstrategien sich verstecken und darauf warten, entdeckt zu werden.

Zuallererst: Warum ist es so wichtig, zu wissen, was uns motiviert? Wieso ist es so sinnvoll, unsere eigenen Antriebsfedern zu kennen? Motivation bedeutet im wissenschaftlichen Sinne das auf emotionaler und neuronaler Aktivität beruhende Streben des Menschen nach Zielen oder wünschenswerten Zielobjekten. Die Gesamtheit der Motive, die zur Handlungsbereitschaft führen, nennt man Motivation. Um zu unseren Zielen zu gelangen, sollten wir also zuvor wissen, was uns motiviert, sie auch zu erreichen. Dies lässt sich in den unterschiedlichen Metaprogrammen klassifizieren. Die Metaprogramme des Neurolinguistischen Programmierens (NLP) wurden von Leslie Cameron-Bandler erkundet und erforscht. Sie entdeckte über 60 verschiedene Metaprogramme. Dazu zählt die Wahrnehmung genauso wie Denkprozesse. Die bekanntesten Metaprogramme sind: *proaktiv* versus *reaktiv*, *innenorientiert* versus *außenorientiert* und *optional* versus *prozessorientiert.*

Proaktive Menschen ergreifen die Initiative. Sie neigen dazu, mit wenig Überlegung zu handeln und stürzen sich gern in Situationen, ohne diese vorher genau zu analysieren. Sie sind gut darin, ohne Umschweife das zu tun, was zu tun ist. *Reaktive* Menschen warten lieber darauf, bis andere die Initiative ergreifen und bis die Situation reif ist, bevor sie sich entschließen zu handeln. Sie möchten eine Situation vollkommen verstehen und beurteilen, bevor sie handeln. Im Extremfall gehen sie mit solcher Sorgfalt vor, dass die Analyse einer Situation kein Ende nimmt. Reaktive Menschen eignen sich gut für analytische Aufgaben.

Lassen Sie uns weiter eintauchen in die Welt unserer Denk- und Handlungsweisen. Wo finden Sie Ihre Motivation? In innenorientierten oder außenorientierten Werten und Glaubenssätzen? Nach *innen orientierte* Personen finden ihre Motivation in sich selbst. Sie beurteilen die Qualität ihrer Arbeit selbst. Es fällt ihnen schwer, die Meinung anderer zu akzeptieren oder Anweisungen von anderen entgegenzunehmen. Nach *außen orientierte* Personen brauchen die Meinung anderer und Anleitung von äußeren Quellen, um motiviert zu bleiben. Es fällt ihnen schwer, eine Tätigkeit zu beginnen oder aufrechtzuerhalten, wenn sie kein Feedback von außen erhalten.

Ein sehr interessantes Kategorisierungsmerkmal für Metaprogramme sind auch die beiden Begriffe *optional* und *prozessorientiert.* Wie sieht Ihr Denkprozess aus? Überwiegt ein ständiges Suchen nach Alternativen oder das Befolgen etablierter Prozeduren? *Optionsorientierte* Personen sind motiviert, wenn sie die Gelegenheit und Möglichkeit dazu haben, etwas auf neue Weise zu machen. Für sie existiert immer eine noch bessere Möglichkeit, etwas umzusetzen. Sie entwickeln gern neue Ideen und Projekte, doch sie verspüren nicht den Drang, diese auch zu Ende zu führen. Andererseits können sie sich einer Idee oder einem Projekt mit Haut und Haaren verschreiben, bis eine neue Idee auftaucht.

Prozessorientierte Personen halten sich gern an vorgegebene Schritte. Sie glauben, dass es einen „richtigen" Weg gibt, etwas zu tun. Wenn sie einmal ein Verfahren haben, an das sie sich halten können, werden sie es immer wieder anwenden. Ein Prozess hat einen Anfang und ein Ende. Wenn diese Personen einen Prozess beginnen, ist es für sie wichtig, zum Ende der Prozedur zu gelangen. Wenn sie etwas anfangen, werden sie es auch zu Ende führen.

Wir alle haben diese Anteile in uns, manche sind stärker und andere schwächer ausgeprägt. Manchmal wechseln wir auch zwischen gegenteiligen Metaprogrammen: Für unterschiedliche Situationen bedienen wir uns verschiedener Strategien. Es ist sogar von Vorteil, diese kraftvoll zu vermischen. Ich liebe es beispielsweise *optionsorientiert* neue Orte zu entdecken.

Zugleich ist für mich eine Reise mit mir allein ein Prozess. Viele Situationen habe ich mit durchdachten Strategien und wie einen Prozess bedacht. So deponiere ich in jedem Hotelzimmer den Schlüssel oder die Türöffner-Steckkarte nahe dem Fernseher. Bei meinen regelmäßigen Flügen zwischen Wien und Berlin wähle ich gern den Sitzplatz 7C. Das ist genau der richtige Platz für mich: Weit genug vorne, um das Erfrischungsgetränk möglichst bald serviert zu bekommen. Und weit genug hinten, damit die Klimaanlage nicht zu sehr zieht. Der Sitzplatz 7C ist ein Gangplatz auf der linken Seite. Ich fühle mich dort weniger eingeschränkt als auf einem Fensterplatz. Zugleich sehe ich auf der linken Seite sitzend im Landeanflug auf Berlin den Fernsehturm und komme beim Anblick dieses blinkenden Wahrzeichens bereits im Flug innerlich in meiner zweiten Heimatstadt an.

In meinem Office-Koffer, der als Handgepäck auf jeder Reise mit mir unterwegs ist, habe ich bestimmte Gegenstände einem jeweiligen Fach zugeordnet. Dies gilt auch für meine kleine Tasche, in der ich meinen Pass und weitere Utensilien für Langstreckenflüge aufbewahre: Alles ist bei jeder Reise am gleichen Platz, und ich verschwende keine Zeit, danach zu suchen.

Welcher Typ sind Sie? Wie würden Sie sich einordnen? Ich selbst schneidere mir meine Reisen maßgerecht zu, seitdem ich meine Metaprogramme erkannt habe. Einerseits achte ich darauf, dass diese meinen grundsätzlichen Neigungen entsprechen, andererseits versuche ich auch immer eine Prise vom Gegenteil hineinzubringen, um dem ganzen wie bei einem guten Gericht eine Balance zwischen süß und pikant zu geben.

Proaktive Reisen: Probieren Sie gern etwas Neues aus? Haben Sie Lust daran, Unbekanntes zu entdecken? Vielleicht ist eine Abenteuerreise etwas, das Ihnen gefällt? Das kann das Besteigen des Kilimandscharo sein oder die Motorradtour quer durch Südamerika.

Reaktive Reisen: Oder ist es Ihnen lieber, wenn es für Ihre Reise einen Plan gibt? Dann ist eine Rundreise eventuell passend. Quer durch Südengland zu fahren und sich auf die vorab gebuchten kleinen Bed & Breakfast-Häuser zu freuen, ist für Sie optimal.

Proaktive und reaktive Reisen: Manchmal ist ein guter Mix genau das, was den Reiz ausmacht. Dann wäre eine Kreuzfahrt eine nette Idee. Sie haben einen organisierten Ablauf an Bord und brechen dazwischen immer wieder auf zu interessanten und abenteuerlichen Landgängen.

Innenorientierte Reisen: Ruhen Sie gern in sich? Erfüllen Sie Ihre eigenen Gedanken und Interessen völlig und genießen Sie es, wenn Sie Zeit und Muße haben, in sich selbst zu versinken? Viele Top-Manager und Karrierefrauen, die ich kenne, gönnen sich einmal im Jahr einen Aufenthalt in einem Kloster oder einem High-class-Kurhotel.

Außenorientierte Reisen: Rein mit Ihnen in die Menge! Gespräche, Austausch und viel Kommunikation mit anderen: Das ist es, was Ihnen guttut! Das Konzert Ihrer Lieblingsband in Barcelona. Der Seminartrip nach New York zu diesem echt coolen Motivationstrainer, wo Sie mit fünftausend anderen zum Feuerlauf antreten. All dies könnte etwas für Sie sein.

Optional orientiert Reisen: Lieben Sie es, jede Reise einem neuen Reiseziel zu widmen? Schätzen Sie Abwechslung und tanken Sie Energie, wenn Sie unterschiedliche Erfahrungen während eines Urlaubs sammeln? Was halten Sie von einer Reise in die USA? Zuerst machen Sie New York unsicher, und danach könnte es weiter nach Mexiko gehen, zum Kitesurfen, Sonnenbaden oder irgendeinem anderen netten Zeitvertreib. Wichtig ist, dass Sie Kultur, Ausgehzeiten, Sport, Spiel und Spaß unter einen Hut packen und sich daran erfreuen!

Prozessorientierte Reisen: Haben Sie Lust auf eine Reise, die einen klaren Anfang und ein Ende im Sinne eines Abschlusses hat? Laufen Sie doch einen Marathon in einer anderen Stadt. Oder Sie überlegen sich, ob nicht eine Weiterbildung oder Sprachreise mit einer Abschlussprüfung Sie ansprechen könnte.

Konnten Sie Inspirationen sammeln, was Sie als Reiseziel oder Reiseart anspricht und wie Sie Ihre Vorlieben gut leben können? Lassen Sie mich noch ein paar weitere Ideen für Sie aufzählen: Safari-Touren machen Spaß. Au-Pair-Aufenthalte machen selbstständig. Berufliche Reisen bringen weiter. Sprachreisen machen eloquent. Shopping-Trips füllen den Kleiderschrank. Studienreisen bilden. Kuraufenthalte fördern die Gesundheit. Sportreisen bringen Sieger hervor, Wellness-Urlaube hingegen Schönheiten. Und manchmal ist das Kloster der richtige Ort, wenn gar nichts anderes mehr geht.

Vielleicht hilft Ihnen dieses neue Wissen um die sogenannten Metaprogramme und wie sie in Ihrem Alltag Ihre Denkweisen beeinflussen weiter. Es ist sicherlich kein Nachteil zu wissen, wie man tickt, oder?

Die eigene Zeitrechnung finden: Tage oder Wochen?

„Wenn man viel hineinzustecken hat,
so hat ein Tag hundert Taschen.“
(Friedrich Nietzsche)

Die Minuten ziehen vorüber, während ich auf das Wasser blicke. Ebenso ziehen meine Gedanken vorbei, und ich genieße, dass es immer weniger werden. Niemals hätte ich mir gedacht, hier zu landen. Und es so zu genießen! Völlig neue Erlebnisse versüßen meinen Tag, ich fange mein Dinner selbst! Die Angelschnur ziept, und ich hole meinen ersten Dorsch aus dem Wasser. Meine Freude über diese gelungene Pausenaktivität beim Paddeln ist groß!

In Norwegen ist Outdoor die Devise, und das Volkscredo lautet: Raus in die Natur. Davon gibt es hier genug. Auch in den Städten, aber vor allem auch darum herum und einfach überall. Meine Erlebnisse: Makrelen fischen vor der Haustüre. Miesmuscheln sammeln beim Kajakfahren und eben einen Dorsch fangen beim Paddeln. Zu einem meiner schönsten Morgenerlebnisse zählt das Laufen rund um einen der herrlichen Seen. Und der Sonntagsausflug ist die

Krönung der Woche: Ich klettere einen steilen Steg zu einem Wasserfall hinauf. Oben angekommen, verzehre ich die mitgebrachte Brotschnitte mit Gurke und Tomate. Alles andere wäre kulinarischer Luxus, und den wollen die Norweger auf keinen Fall. Sie haben etwas, das viel mehr Luxus bedeuten kann: Zeit!

Das spiegelt sich auch in den sozialen Tagesabläufen der Norweger wider: Es müssen beispielsweise alle Kinder bis vier Uhr Nachmittags vom Kindergarten abgeholt werden. Sollten es Mami oder Papi (Väter sind in Norwegen sehr engagiert und involviert in der Kindererziehung) nicht bis vier Uhr schaffen und der oder die süße Kleine schon armselig und allein mit der Kindergärtnerin vor der Tür warten, kann das teuer werden: Strafzahlungen bis zu 70 Euro sind keine Seltenheit. Der angenehme Nebeneffekt: Um halb vier Uhr ist Büroschluss.

Ich habe mich immer wieder ausführlich mit dem Thema Zeit beschäftigt. Der Soziologe Manfred Garhammer hat etwa herausgefunden, dass man in den sechziger Jahren in Europa durchschnittlich eine Stunde mehr Freizeit pro Tag hatte. Dabei sollte man doch denken, dass die Modernisierung unseres sozialen Lebens auch eine Entlastung des Alltags mit sich gebracht hat. In Wahrheit ist das Gegenteil der Fall: Es hat eine Verdichtung stattgefunden. Eine Bilanz über die Entwicklung unseres typischen Tagesbudgets zeigt, dass wir trotz des breiten Angebots zeitsparender Geräte und Techniken heute schneller essen und weniger schlafen als in den Sechzigern.

Die Zeiteinheiten unseres Lebens können ebenfalls vorbeirasen oder dahinfliegen. Jahr für Jahr verrinnt, und je älter wir werden, desto schneller scheinen die Tage und Wochen zu verfliegen. Männer entscheiden sich dann oftmals unbewusst, dass dies die ideale Zeit für eine Midlifecrisis wäre, inklusive junger Geliebter und Porsche vor der Tür des familiären Eigenheims. Frauen können in diesen Jahren ihr Heil in Esoterik-Workshops suchen und sich ebenfalls fragen: War es das? Oder habe ich etwas Wichtiges versäumt?

Ein Weg, sich aus dieser Tretmühle der Gedanken zu befreien, ist, sich den Luxus der Langsamkeit zu gönnen. Das heißt: Weg vom rasenden Lebenslauf und hin zu den eigenen Rhythmen und dem Zauber des Augenblicks. Auf Reisen mit sich allein ist ein wahrer Befreiungsschlag von den Zwängen der Zeit möglich. Sie können Ihre Zeit so nutzen, wie Sie es möchten. Ohne dass Ihnen jemand dazwischenredet oder Sie von Ihren Vorhaben abbringen will beziehungsweise Ihre Unternehmungen beschleunigen will. Vielleicht ist es aber genau umgekehrt und Sie verarbeiten neue Impulse schneller als andere und brauchen deshalb öfter Veränderungen als andere. Und das Tempo anderer Mitreisender war oftmals beschwerlich für Sie und fühlte sich wie ein Stein an, den Sie mitzutragen hatten.

Unsere eigene innere Zeitrechnung ist ein wichtiger Faktor einer Reiseplanung: Wie lange wollen Sie wo sein? Ist es ein Wellnessurlaub übers Wochenende, der Ihren Zeitrhythmen am besten entspricht? Oder haben Sie eine tiefe innere Sehnsucht nach der Ferne und dem Wechsel auf einen anderen Kontinent? Dann ist eine mehrwöchige Reise sicherlich von Vorteil. Wir unterschätzen oftmals, dass unsere Seele ein wenig länger braucht, um anzukommen. Das bedeutet, dass wir zwar in zwölf Stunden Flugzeit sehr weite Entfernungen zurücklegen können, aber erst ein paar Tage später wirklich auf einem anderen Kontinent ankommen.

Ich möchte nicht die vielen liebevollen und treusorgenden Mütter und Eltern vergessen: Für sie ist es – vor allem in den ersten Lebensjahren ihrer Kinder – zumeist nicht leicht, sich Zeit für eine Reise mit sich selbst zu nehmen. Doch in all den Jahren des Unterwegs-Seins habe ich festgestellt: Jede Reise besteht aus Momenten und jeder von uns kann jeden Tag für ein paar Momente verreisen. Bitte versuchen Sie das doch einmal selbst, mitten im Alltag. Wie dies am besten zu verwirklichen ist? Nehmen Sie auf dem Weg zur Arbeit oder dem Kindergarten ab und zu einen anderen Weg. Bestaunen Sie die Gegebenheiten am Wegesrand. Sie werden mit Sicherheit auch auf altbekannten Wegen Neues entdecken. Oder wählen Sie statt dem über Jahre erprobten Italiener am Eck doch einmal das neue asiatische Restaurant im Bezirk. Spazieren Sie durch Ihre Heimatstadt mit den Augen eines Touristen: In solchen Augenblicken kann der Volkspark Friedrichshain zu einem Schauspiel der Natur werden – mitten in Berlin. Oder Sie entdecken, welche prunkvollen Fassaden Ihnen in Wien plötzlich frisch renoviert entgegenstrahlen und wie herrlich flaumig die Buchteln mit Vanillesauce im Café Hawelka noch immer schmecken!

Haben Sie zuhause und im Alltag überhaupt Zeit, sich kulinarischen Genüssen ausreichend hinzugeben? Der französische Schriftsteller und Gastrosoph Jean Anthelme Brillat-Savarin schrieb dazu: „Weil der Schöpfer dem Menschen die Verpflichtung auferlegte zu essen, gab er ihm den Appetit und belohnte ihn mit Genuss.“ In Zeiten, in denen wir allein unterwegs sind, ist dieses Genießen weitaus intensiver möglich als in der Hektik des Alltags oder im bunten Treiben mit anderen.

Spüren Sie einmal in sich hinein: Welche Bewegungsgeschwindigkeit liegt Ihnen in diesem Moment am meisten? Ist es die Fahrt mit der Bahn und die Muse der vorbeiziehenden Landschaft, die passend wäre? Oder spüren Sie gerade ein intensives Brennen in sich, wollen zu anderen Abenteuern in weit entfernte Länder aufbrechen und würden dafür am liebsten einen Privatjet anheuern?

Lassen Sie sich aber bitte nicht von Ihrem planenden und kalkulierenden Verstand beherrschen, der das Leben in Zeiteinteilungen wie Jahre, Monate, Tage und Stunden vorrechnet. Es mag sein, dass die Urlaubsplanung im Nu fertig ist, es kann aber auch sein, dass dies nicht so ist. Fragen Sie sich immer: Was ist mir wirklich wichtig? Was ist mein Herzenswunsch? In welchem Tempo möchte ich meine Reise erleben?

Was kann Ihnen dabei helfen, Ihre Zeitrhythmen zu entdecken? Konzentrieren Sie sich mehrmals am Tag auf den jetzigen Moment, auf Ihre Atmung, Ihren Herzschlag. Egal, ob Motorengeräusche zu hören sind oder Sie sich mitten in einer Menschenmenge befinden. Denn diese Wahrnehmungen halten Ihre Aufmerksamkeit im jetzigen Moment und Sie werden merken, dass das Leben eigentlich ein einziger großer Augenblick ist. Nicht mehr und nicht weniger. Das schenkt uns allen Besonnenheit und Gelassenheit.

Nutzen Sie auf Ihren Reisen bereits die Anreise zur Entspannung. Genießen Sie den Augenblick und blicken Sie sich um: Beobachten und freuen Sie sich über das Service an Bord des Flugzeuges, lesen Sie die mitgebrachte und interessante Lektüre während der Bahnfahrt oder akzeptieren Sie, dass Sie mit Ihrem Wagen auf eine Umleitung über schmale Landstraßen gelenkt werden. Vielleicht fällt Ihnen dadurch ein kleiner, idyllischer Gasthof auf, in den Sie einkehren können. Jeder Augenblick kann magisch sein. Lassen Sie sich von Ihrer inneren Uhr leiten und folgen Sie den Zeigern ihres eigenen Lebensrhythmus. Das ist eines der größten Geschenke, die wir auf Reisen mit uns allein erleben dürfen.

Der Wert des eigenen (Lebens-)Wegs

„Viele sind hartnäckig in Bezug
auf den einmal eingeschlagenen Weg,
wenige in Bezug auf das Ziel."
(FRIEDRICH NIETZSCHE)

Meine erste Woche in Indien ließ mich aus dem Staunen kaum herauskommen. Es waren vor allem die kleinen Alltäglichkeiten des Lebens, die hier ganz anders sind.

Zehn Mal „That's different in India":

1. Im Flugzeug von Dubai nach Trivandrum in Kerala befanden sich über 95 Prozent Männer. Eingecheckt wurden nicht nur Koffer, sondern auch riesige TV-Geräte, Waschmaschinen oder Mikrowellenherde. Über die Hälfte der Bewohner Dubais sind nämlich Inder. An zweiter Stelle rangieren Philippinos, danach Pakistanis und Menschen aus dem arabischen Raum. Es ist also üblich, von Indien aus nach Dubai zum Arbeiten zu fliegen, um im neureichen arabischen Emirat den Hausstand aufzubessern.

2. In den Hausgärten in Kovalam findet man (fast) alles. Da es keine von öffentlicher Hand organisierte Müllabfuhr in Indien gibt und es nicht jeder mit der Selbstverantwortung so genau nimmt, kann es zu einem vielfältigen Potpourri an Utensilien im eigenen Garten kommen. Im Fall von Regina, meiner Roomhost, warf die Hochzeitsgesellschaft der Nachbarn die Reste ihrer Chicken Wings über die Gartenmauer.

3. Freundlichkeit steht über allem: Inder sagen nicht gern Nein. Es ist also leicht möglich, dass der Gefragte zwar keine Ahnung hat oder nicht weiß, wie er die an ihn gerichtete

Bitte erfüllen soll, aber dennoch keine verneinende Antwort von sich gibt. Man sollte also nie von der Umsetzung und Richtigkeit der Aussagen zu 100 Prozent ausgehen, dafür herrscht zumeist eine recht amikale und harmonische Stimmung.

4. Immer wieder präsentieren sich Orte und Häuser als Substandard-Locations (und es ist trotzdem wunderschön hier!). Im Zuge dessen überraschte es mich aber sehr, dass von den Mobilfunkbetreibern in Indien zukünftig nur mehr moderne Smartphones unterstützt werden sollen. Für alte Mobiltelefonmodelle hieß es ab 2013: adé.

5. Wenn TV, dann bitte richtig: 600 Fernsehkanäle via Satellit sind in den indischen Haushalten keine Seltenheit.

6. Linksverkehr: Ich hoffe, ich übersehe nicht irgendwann einmal, dass die Autos und Rikschas von der „verkehrten" Seite kommen.

7. Überall in den Shops, Restaurants oder Wohnhäusern sorgen zu allen Tages- und Nachtzeiten Räucherstäbchen für eine wohlig duftende Atmosphäre.

8. Ob am Strand oder in den Straßenlokalen: Frische Früchte wie Bananen, Papaya und Mango sind zu einem Spottpreis zu kaufen. So lässt es sich leicht gesund leben.

9. In der Öffentlichkeit sieht man kaum Pärchen im zärtlichen Austausch, also Liebesbekundungen zwischen Mann und Frau. Ganz natürlich sind hingegen Männer, die Hand in Hand gehen. Dieses Zeichen der Freundschaft ist in Indien durchaus üblich.

10. Inder geben gern, wenn sie etwas haben. Geld wird untereinander verborgt, Gegenstände und Ressourcen werden geteilt. Dafür darf man nicht überrascht sein, wenn man von einem Inder mit Geldproblemen "angepumpt" wird. Das soll hier üblich sein.

Der Begriff „Reise“ hat seinen Wortstamm in dem althochdeutschen Wort „risan“, was so viel bedeutet wie „aufstehen“, „sich erheben“, „sich auf den Weg machen“. Mit anderen Worten: Bei einer Reise stehen alle Zeichen auf einen Aufbruch zu etwas Neuem. Die Welt zeigt sich selbst im Umbruch. Wir können fast jedes Ziel auf der Erdkugel in weniger als 24 Stunden erreichen. Über das Internet sind wir zeitgleich mit den entferntesten Teilen dieser Welt verbunden. Während meiner Indienreise habe ich einen Blog darüber geführt. Wer wollte, konnte mit mir reisen.

Wenn wir uns auf eine Reise mit uns selbst und allein begeben, verlassen wir die alltäglichen Trampelpfade des Lebens und öffnen uns neuen Wegen und Horizonten. Vieles in und um uns unterzieht sich auf diesen Reisen einem Wandel. Dies passiert vor allem beim Reisen durch fremde Länder, wo Werte, Normen und Weltvorstellungen sehr unterschiedlich sein können. Unser bisheriges Leben zeigt sich in diesem Umfeld als *eine* Variante von vielen Möglichkeiten, wie der Alltag sein könnte. Auf diesem Weg erhalten wir neue Freiheiten und Wahlmöglichkeiten, das eigene Leben kann in einem ganz anderen Umfeld reflektiert werden.

Ein netter Nebeneffekt: Neue Impulse wirken geistiger Trägheit entgegen. Denn wer sein Gedächtnis nicht trainiert und nichts Neues mehr lernt, nimmt fatale Folgen in Kauf. Unsere Synapsen im Gehirn erschlaffen oder beginnen sich sogar aufzulösen, wenn geistige Inaktivität vorherrscht. Die Folge ist ein schlecht vernetztes Nervengeflecht.

Was hat es mit den kleinen grauen Zellen, also diesen Synapsen, auf sich? Mit Synapse ist die Stelle der neuronalen Verknüpfung gemeint, über die eine Nervenzelle in Kontakt zu einer anderen Zelle steht. Das kann eine Sinneszelle, Muskelzelle, Drüsenzelle oder andere Nervenzelle sein. Über unsere Synapsen erfolgt die Übertragung von Erregung, sie erlauben auch die Modulation der Signalübertragung und speichern Informationen. Zu wenig Stimulation führt zu einem Abnehmen der Gedächtnisleistung und reduziert auch die Fähigkeit, neue Lösungen zu finden.

Die gute Nachricht: Unser Gedächtnis kann trainiert werden – ähnlich wie ein Muskel. Die jahrzehntelange Annahme, das Gehirn des Menschen sei bis zum Ende der Pubertät fertig entwickelt, ist damit widerlegt. Zwar stimulieren auch Kreuzworträtsel unser Gehirn. Viel mehr Spaß macht es jedoch, das eigene Gehirn auf Reisen zu fordern und dadurch auch zu fördern.

Wie sich das anstellen lässt? Ganz einfach! Erstens: Bei der räumlichen Orientierung kommt es darauf an, den Überblick zu behalten, sich an Eckpunkte und zurückgelegte Wege erinnern zu können. Jedes neue Hotel- und Badezimmer fördert Ihre kleinen grauen Zellen. Wo ist an diesem Morgen die Zahnbürste? Und wo das Fach für die Unterwäsche im Schrank? Allein die Merkleistung, wo der Lichtschalter neben dem Hotelbett ist, trainiert Ihre geistigen Fähigkeiten.

Zweitens: Sich im Alltag schnell und überlegt zu entscheiden, gehört zu einem wachen Geist dazu. Das Ganze wird mit noch mehr Spaß trainiert, wenn wir auf neuen Gebieten oder in anderen Ländern unser Gehirn trainieren – mit jeder neuen Entscheidung auf einer Reise mit uns allein. Diese Entscheidungen müssen oft schnell und zeitnah erfolgen, unter Einbeziehung neuer Impulse und Orte.

Als dritten Punkt trainiert Gehirnjogging das Verständnis von Zusammenhängen. Manche Wissenschafter sind der Meinung, dass durch derartige Trainingsimpulse das Gedächtnis verdreifacht werden kann. Das wäre dann so, als ob man von einem Fahrrad auf ein Rennrad umsteigen würde.

Wenn wir allein auf Reisen sind, bemerken wir auch viel leichter neue Wege und Pfade, also Fügungen, die wir vorher vielleicht nicht wahrnehmen konnten. Unser Geist und unser Denken sind wacher. Wir können blitzartige Erkenntnisse erhalten. Dies erfolgt zumeist in Bildern und Gedanken. Wenn wir beginnen, diesen Fügungen zu vertrauen und sie uns zu guten, neuen Zielen führen, wächst unser Vertrauen in uns selbst. Es kann sogar passieren, dass wir uns aus unserem eingleisigen, zielgesteuerten Denken, das uns nur *einen* Weg vorgibt, lösen und plötzlich das Potential der Möglichkeiten erkennen, das sich auf unserem Weg und vor uns eröffnet. Ohne unser großes Reiseziel aus den Augen zu verlieren, erweitern wir unseren Blick über die sichtbare Dimension hinaus.

Ihr kurzer Weg zu sich selbst

- Lassen Sie sich auf Ihren Reisen auch immer wieder auf Ihre Reise nach innen ein: Denn dort sind die wahren Schätze verborgen!
- Benennen Sie Ihre Motivatoren: Warum stehen Sie auf, brechen Sie auf und geben Sie nicht auf?
- Beobachten Sie Ihre eigene Wahrnehmung und fügen Sie einen Schuss Selbstironie dazu!
- Beginnen Sie Ihrer Wahrnehmung zu vertrauen und leben Sie nach den daraus gewonnenen Erkenntnissen! Gehen Sie positiv gestimmt und freudig entschlossen auf andere zu!
- „Fühlen“ Sie die unterschiedlichen Zeiteinheiten auf Ihren Reiseetappen!
- Bewerten Sie während Ihrer Reisezeit Ihre bisherige Lebenszeit!
- Bauen Sie auf jedem Wegabschnitt Situationen ein, die Ihr Herz erfreuen!
- Unter- und überschätzen Sie sich nicht und bewerten Sie sich nicht falsch!
- Erkennen Sie Ihren eigenen Wert und wertschätzen Sie sich selbst!
- Genießen Sie Ihren neuen Selbstwert, bei jedem Schritt und zu jeder Stunde!

Kapitel 6
SELBSTSICHERHEIT: DIE UNTERSCHIEDLICHEN REISEMÖGLICHKEITEN

Auto, Bahn oder doch lieber mit dem Flugzeug abheben?

„Zum Reisen gehört Geduld, Mut, Humor und dass man sich durch kleine widrige Zufälle nicht erschlagen lässt.“
(Adolph von Knigge)

Schmal und eng windet sich mir die Bergstraße Kurve um Kurve entgegen. Die Fahrt zwischen St. Moritz und Meran entpuppt sich als wahre Augenweide. Mein schwarzer Flitzer und ich genießen jeden Kilometer. Ohne Dach über dem Kopf singe ich laut zu alten Hits aus meiner Jugend mit. Im Mix mit Hörbüchern, die Weisheiten von sich geben. Ganz oben auf dem Bergpass, zwischen der Schweiz und Südtirol genehmige ich mir einen Stopp, genieße mit meinen letzten Franken eine Portion Rösti mit Spiegelei und sinniere über die diversen Möglichkeiten an Fortbewegungsmitteln auf dem Weg zum Ziel.

In Meran angekommen, erkläre ich einem anderen Hotelgast spontan bei einem Tratsch am Pool, warum ich für das Reisen allein gern das Auto wähle. Er ist erstaunt über meine Worte. Kurz darauf erkennt er sich selbst darin wieder: „Ich fahre sicher und zügig", erzähle ich. „Wäre heute jemand neben mir am Beifahrersitz gesessen – egal ob Mann oder Frau –, dann wäre dies für beide nicht sehr erquickend und für mich selbst nicht genussvoll gewesen. Männer sind zumeist keine sehr entspannten Beifahrer. Wäre eine Freundin an meiner Seite gewesen, hätte diese wahrscheinlich auf einen angeregten Austausch während dieser mehrstündigen Autofahrt mit mir gehofft. Beides Situationen, die mich von dem, was mir Spaß macht, abgelenkt hätten: Gas geben, bremsen, den richtigen Gang für jede Steigung finden, Distanzen einschätzen, mich souverän durch Engstellen manövrieren sowie ein sicheres Überholen für mich und andere gewährleisten. Was man halt alles im Leben auch so macht! Ach ja, bitte die sensationellen Ausblicke wahrnehmen, fröhlich mitsingen und das Leben genießen nicht vergessen!

Männer haben übrigens selten ein Problem damit, ihr Reiseziel zu finden. Sie sind diesbezüglich selbstsicher. Bei meinen Gesprächen mit Frauen über das Alleinreisen meinten einige, dass sie zwar gern mit dem Auto fahren und alle Strecken rund um ihren Heimatort mit Freude zurücklegen. Doch bei der Vorstellung, allein an ein Urlaubsziel zu fahren, bekamen sie Bedenken.

Anna, eine versierte und mitten im Leben stehende Geschäftsfrau aus meinem Bekanntenkreis, legt beruflich in der Woche oftmals Hunderte Kilometer zurück. Ins Ausland würde sie jedoch nicht allein fahren. „Mein Mann kennt die

Strecke zu unserem Urlaubsort im Schlaf. Ich habe hingegen keine Ahnung, wie ich fahren müsste." Als ich erwiderte: „Du, das weiß ich auch oft nicht. Aber Hauptsache, mein Navigationsgerät ist sich seiner Sache sicher", lachten wir herzlich.

Sollten auch bei Ihnen Unsicherheiten bestehen, ob Ihre Orientierung ausreicht oder sollten Sie Angst haben, dass eine Umleitung Ihre ganze Reiseplanung aus den Angeln heben könnte, so hoffe ich, diese ausräumen zu können: Die aktuellen Modelle an Navigationsgeräten sind kostengünstig in der Anschaffung und zumeist zuverlässig in ihrer Funktion. Vielleicht haben Sie sogar ein Smartphone mit einer guten Navigationssoftware. Ein Navi lässt sich übrigens auch praktisch bei Fußwegen einsetzen. Alles in allem: Sehen Sie den Weg als Ziel. Machen Sie sich nichts daraus, wenn Sie einmal für kurze Zeit orientierungslos sind, sondern sehen Sie Ihre Urlaubszeit genau als das, was sie ist – Freizeit, also Zeit, die sich frei gestalten lässt.

Mit dem Auto allein unterwegs zu sein ist zwar von der Umweltverträglichkeit her die ungünstigste Variante. Es bietet jedoch für Soloreisende den höchsten Freiheitsgrad. Für jeden, der sicher am Steuer ist, sich von kleinen Pannen nicht verschrecken lässt und stressresistent gegenüber Rasern und Schleichern ist, kann es eine wunderbare Erfahrung sein, das Reisetempo selbst zu bestimmen. Schönheiten am Wegesrand lassen sich zeitlich flexibel erkunden. Ein kleines Stück Heimat, das einen geborgen umhüllt, ist immer mit auf Reisen und erlaubt so viel Gepäck, wie man möchte.

Unterschiedliche Orte lassen sich stimmig miteinander verbinden und Juwele auf der Strecke unkompliziert ansteuern. Meine persönliche Schmerzgrenze sind rund 350 Kilometer pro Tag. Sollte ein Ziel weiter entfernt sein, so plane ich gern einen Zwischenstopp ein. Mit dieser Strategie habe ich in den vergangenen Monaten Bayreuth und Nürnberg entdeckt. Soeben überlege ich, welche Perle Deutschlands ich mir nächste Woche auf meinem Weg von Berlin nach München ansehen könnte. So erfahre ich im wahrsten Sinne des Wortes mehr über mein neues zweites Heimatland.

Dieses hautnahe Erleben der Reisestrecke wird oftmals von Männern bevorzugt. Einige in meinem Bekanntenkreis erklimmen sogar Bergpässe mit dem Fahrrad, planen auf Businesstrips einen Teil der Strecke auf zwei Rädern ein oder sind wochenlang mit dem Motorrad allein und auf einsamen Strecken in Südamerika unterwegs. Warum das mehr den Männern als den Frauen entspricht? Ich habe dafür eine evolutionstheoretische Erklärung: In solchen Momenten kommt der Höhlenmensch im Manne durch. Sie werden zu wahren Helden, die das Ursprüngliche und schwer Bezwingbare suchen. Als ureigenes Bedürfnis, gepaart mit Rückzug und einem gewissen Entdeckergeist.

Vom Zweirad zu vielen Rädern: Viele meiner Freunde lieben es, mit der Bahn zu reisen und wählen den Zug als häufiges Fortbewegungsmittel. Der in London lebende Journalist Dan Kieran wurde von Newsweek für diese Vorliebe sogar als „Der Meister des langsamen Reisens" bezeichnet. Daraufhin schrieb er flugs das gleichnamige Buch „Slow Travel", das ich für seine philosophischen Ansätze rund um das Thema Reisen äußerst schätze. Seine Flugangst brachte ihm diese große Liebe zum Reisen mit dem Zug ein. Wenn Kieran langsam reist, fühlt er sich, als würde er die Schule schwänzen. Dieses Gefühl setzt er nach der Ankunft fort. Generell empfiehlt er: „Lassen Sie sich treiben, verlaufen Sie sich! Am besten Sie lassen Handy und Armbanduhr im Hotel. Auch Ihre Kreditkarten, 50 Euro in der Tasche reichen aus. Ohne Uhr werden Sie essen, wenn Sie Hunger haben und nicht, wenn es Zeit dafür ist", so der „Slow-Travel"-Spezialist in einem Interview im Zeit-Magazin.

Zurück zu den Vorteilen einer Zugsfahrt: Für all jene, die ein Buch lesen, am Laptop arbeiten oder Arbeitsmaterialien durchsehen wollen, ist diese Variante sehr praktisch. Der zumeist integrierte Speisewagen verkürzt ebenfalls die Fahrzeit und man muss sich nicht mit Staus herumschlagen.

„Außerdem wird man an eine Epoche erinnert, als man noch nicht von Touristen, sondern von Reisenden sprach, als die Welt noch unendlich groß war und man seinem Ziel gemächlich entgegenrollte, die wechselnden Landschaften an sich vorbeiziehen ließ und der Strecke, die man zurücklegte eine angemessene Zeit einräumte", schreibt auch Nicolas Barreau in seinem Roman „Du findest mich am Ende der Welt" über das Reisen mit dem Zug. Wer mit Wartezeiten gut leben und sich auf Ziele einstellen kann, die von der Bahn angeboten werden, kommt entspannt und ausgeruht an sein Reiseziel. Man ist jedoch unbeweglicher als mit dem Auto. Allerdings gibt es mit den diversen weiteren Fortbewegungsmitteln wie Bus und Taxi wieder jede Menge lokale Gegebenheiten zu entdecken.

Mit einer Bahnfahrt verbinde ich die Erinnerung an den Beginn einer schönen Freundschaft. Ich war am Weg nach München und soeben am Wiener Westbahnhof in den Zug eingestiegen. Die Abfahrt stand kurz bevor, als ein dunkler Wuschelkopf ins Abteil stürmte. Völlig außer Atem, setzte sich die attraktive, rund 35-jährige Frau auf einen der noch freien Plätze, lächelte mich an und hatte sofort meine Sympathie gewonnen. Diese sollte ihr die Fahrt nach München sichern. Kaum hatte sich der Zug in Bewegung gesetzt, kontrollierte der Schaffner die Fahrkarten. Lorena, so hieß meine Zugabteilnachbarin, hatte weder genügend Bargeld, noch eine funktionierende Kreditkarte bei sich. 30 Euro trennten sie von ihrem Ziel. „Da müssen Sie wohl an der nächsten Haltestelle aussteigen", erklärte der Bahnbeamte.

Ich hasse Ideen, die aufgrund von Reglementierungen nicht verwirklicht werden können. Besonders, wenn es nur eine Einschränkung finanzieller Natur ist. Denn: Reisende soll man nicht aufhalten! Fünf Minuten später hatte ich Lorena fünfzig Euro geliehen, also den fehlenden Betrag aufs Zugticket plus Taschengeld für die Fahrt, die wir uns vergnüglich mit einem netten Tratsch im Speisewagen vertrieben. Lorena erzählte von ihren südamerikanischen Wurzeln, die mir ihre ins Auge stechende Lockenpracht erklärten. In Deutschland arbeitete sie als Cheftechnikerin bei der Deutschen Bahn. Hunderte Männer waren in einem Team, das unter Lorenas Führung stand. Als Frau in einem technischen Beruf Direktiven zu erteilen, lässt die eigene Persönlichkeit wachsen, ob man will oder nicht.

Lorena war nach einem romantischen Wien-Wochenende mit ihrem Freund auf dem Weg zu einem wichtigen Job-Meeting. Nachdem ich selbst mehr als zehn Jahre als Ingenieurin in der Baubranche verbracht hatte, tat sich zwischen uns eine Vielzahl an Parallelen auf und unser Erfahrungsaustausch war immens bereichernd. Die Fahrt nach München verflog im Nu, drei Tage später war das verliehene Geld auf meinem Konto und der Grundstein für eine Freundschaft gelegt.

Auch auf Flugreisen ist für mich persönlich allein zu reisen ein guter Weg, um Freundschaften zu knüpfen. Im Oktober vergangenen Jahres, als ich meinem Wohnsitz in Wien ein zweites berufliches Standbein in Berlin hinzufügte, stand ich vor der Herausforderung, soziale Kontakte und Anschluss zu finden. Dass dies unter anderem im Flugzeug auf meinen Pendelreisen zwischen Wien und Berlin passieren würde, überraschte mich jedoch selbst.

Ein Flug nach Berlin brachte beispielsweise Melanie, eine intelligente und gutaussehende Webdesignerin aus Kärnten, in mein Leben. Bei unserem letzten Gespräch erzählte sie mir, wie selbstsicher und souverän sie mein Auftreten dem Stewart gegenüber empfand. Aufgrund eines schweren Schneegestöbers war der Start der Maschine immer wieder verschoben worden und ich bat um Informationen zur Verspätung.

Ich selbst weiß noch, dass ich mir die Wartezeit gern plaudernd mit meiner Sitznachbarin vertreiben wollte, aber noch kurz überlegt hatte, ob dies vielleicht zu aufdringlich ist. Gut, dass ich mich letztendlich nicht zurückhielt: Monate später erzählte mir Melanie, dass sie sich gewünscht hatte, ich möge sie ansprechen, da sie mich so interessant fand. Dieses Kompliment gebe ich an dieser Stelle gern zurück, liebe Melanie!

Wollen Sie mich ebenfalls „im Flug kennenlernen"? Dafür ist die siebente Reihe auf der Strecke Wien-Berlin empfehlenswert, ich sitze zumeist auf 7C. Sollte dieser Platz bereits reserviert sein, weiche ich auf 7D aus. So sehr ich örtlich gesehen ein hohes Maß an Flexibilität lebe, so sehr lege ich Wert auf Kontinuität bei gewissen Details, etwa meinen Airberlin-Flügen. Mein Sitzplatz in der siebenten Reihe ist wie ein Ritual, das mir auch auf Flugreisen ein Gefühl von Geborgenheit und Zuhausesein gibt. Vielleicht wollen Sie sich ebenfalls überlegen, wie Ihnen das Alleinreisen mit dem Flugzeug vertrauter wird.

Interessanterweise haben die meisten Menschen vor Flugreisen die größten Bedenken. Eine meiner Freundinnen, die beruflich viel und sehr selbstständig weltweit unterwegs ist, äußerte im privaten Kontext dazu: „Mich beschleicht so ein großes Gefühl von Einsamkeit, wenn ich mir vorstelle, allein auf Urlaub zu fliegen und ohne Partner oder Freundin im Flugzeug zu sitzen."

Ich sehe dies mittlerweile ganz konträr. Ich bin eine sehr unkomplizierte Flugreisende. Ich jammere nicht, wenn Verspätungen auftreten. Mir ist nicht langweilig, weil ich die diversen Flugzeiten gern als Zeit zum Lesen oder Musikhören, zum Nachdenken oder Schreiben nutze. Umgekehrt kenne ich es, wenn meine diversen Reisebegleitungen unruhig und unrund werden, sich über dies und das beschweren, einfach unleidlich werden. Das ist für mich anstrengender, als allein einen Flieger zu besteigen.

Wie geht es Ihnen persönlich in solchen „fliegenden" Momenten oder bei der Vorstellung daran? Haben Sie schon einmal eine Flugreise allein unternommen? Wie haben Sie sie erlebt? Gibt es Hemmungen bezüglich der Entscheidung, einen Flug für sich allein zu buchen? Und wenn ja: Warum?

Vielleicht unterstützen Sie folgende Gedanken: Auf einem Flughafen sind alle auf der Reise. Man ist somit nicht allein, sondern Teil einer dynamischen Gruppe. Vor allem Geschäftsreisende sind allein unterwegs. Es ist somit nichts Außergewöhnliches, wenn Sie allein vor den Magazinständern und Reiseführern stehen, vor dem Abflug auf einen Kaffee gehen oder durch die Duty-Free-Zone schlendern. Apropos: Diese kleinen Einkaufsmeilen laden zum Zeitvertreib mit sich allein ein. Fehlende Kosmetika lassen sich ohne großen örtlichen Aufwand ergänzen, Sie können Parfums testen und an Mitbringsel für die Familie denken. Meine liebste Beschäftigung sind jedoch die Kioske mit Zeitungen und Magazinen. Nirgendwo besser als auf einem Flughafen bietet sich die Möglichkeit, ohne großen Zeitverlust internationale Lektüre zur Durchsicht und zum Kauf angeboten zu bekommen. Manchmal wird mir sogar die Zeit zu kurz, wenn ich ganz versunken schmökere und der Blick auf die Uhr das in Kürze bevorstehende Boarding ankündigt.

Viele meiner Schriftstücke und E-Mails sind auf diversen Flughäfen erstellt und geschrieben worden. Zumeist gibt es die Möglichkeit zu einem WiFi-Zugang, manchmal ist er sogar kostenlos. Wenn Ihnen mehr nach Entspannung ist, dann empfehle ich Ihnen, ein Buch zu lesen. Während des Wartens aufs Einsteigen und Abheben lässt sich eine Vielzahl von Seiten absolvieren. Wer keinen eigenen Bestseller von zuhause mitgebracht hat, wird sicherlich in den Bookshops am Airport fündig.

Mein Favorit beim Entspannen ist jedoch eine sehr simple Tätigkeit: Leute beobachten. Internationales Publikum trifft auf Charter-Reisende im Freizeitlook, eine nette Familie auf eine kichernde Gruppe von Austauschschülern, und der Businessman im grauen Anzug auf die bunt gekleidete Yogaexpertin. Flughäfen sind ein Melting Pot an Kulturen, und allein durchs Hinsehen für mich äußerst inspirierend.

Für jeden Reisetyp von uns gibt es ein oder mehrere geeignete Verkehrsmittel. Es ist die Entscheidung jedes Einzelnen von uns, wie wir uns auf eine Reise machen und fortbewegen. Eines bleibt in allen Fällen gleich, denn schon Aristoteles wusste: Jede Bewegung verläuft in der Zeit und hat ein Ziel.

Mann oder Frau: Finden Sie Ihren eigenen Lebenskompass

„Ich kenne keinen sicheren Weg zum Erfolg,
aber einen sicheren Weg zum Misserfolg:
Es allen recht machen wollen.“
(Platon)

Meine Reisen ohne männliche Begleitung haben mein Verständnis dafür wachsen lassen, welche Rolle dem Menschen an meiner Seite von mir und anderen, etwa Hotelangestellten oder Tankwarten, zugerechnet wurde. Wenn das Zimmer nicht meinen Wünschen entspricht, gibt es kein Backup, das mir meine Reklamation abnimmt. Ist der Ton des Kellners im Restaurant nicht angemessen, gilt es selbst für mich einzustehen. Und nervt mich die Security an irgendeinem Airport auf dieser Welt, hilft kein hilfesuchender Blick in Richtung eines männlichen Reisepartners. So viel zu den vermeintlichen Nachteilen.

Der große Vorteil: Ich habe – auch und vor allem – durch diese Reisen allein gelernt, für mich selbst zu agieren. Es hat ein Reifeprozess in mir stattgefunden, der mich Tätigkeiten wie Ölstand kontrollieren, Leihautos buchen, die richtige Gewichtsverteilung beim Koffer tragen und vieles mehr erfahren ließ. Und das Einstehen für meine Bedürfnisse! Klar, deutlich und mit ruhiger Stimme. Ich habe mir von Männern rund um mich das planerische, strukturierte Denken abgeschaut, erstelle kleine Checklisten vor jeder Abreise und komme auch gern allein für mich zu einem Ergebnis, bevor ich mich verbal äußere. Man sieht nämlich selten einen

Mann hysterisch gestikulieren und mit schriller Stimme schreien, um zu seinem Recht zu kommen.

Easy Rider ist eine klassische männliche Filmrolle. Wie ein einsamer Wolf fährt er auf seiner Maschine am Highway entlang. Meistens in sich gekehrt: Ein Blick, kaum ein Wort, und trotzdem ist alles gesagt. Ganz anders das Bild, das sich in vielen Wellnesshotels präsentiert: Dort tummeln sich im SPA-Bereich eine Vielzahl von munter plaudernden Ladies. Können Sie sich dieses Bild auch mit einer aufgeweckten Männerschar vorstellen?

Warum gibt es auch auf Reisen immer wieder diesen typischen „Kampf der Geschlechter"? Man liest davon, dass Ehepaare häufig nach einem gemeinsamen Urlaub die Scheidung einreichen. Die schönste Zeit des Jahres führt anscheinend oft zu einem Desaster. Dabei könnte das Wissen um die Orientierung des anderen, also dem ureigenen Kompass, viele Missverständnisse verhindern. Was ist angeboren und was erlernt? In vielen Gesellschaftsbereichen schwinden die Unterschiede zwischen Frauen und Männern. Geschlechtsspezifische Schwierigkeiten und Stärken gibt es trotzdem – und genau diese machen das Zusammenleben so spannend, aber auch kompliziert.

Männer orientieren sich völlig anders als Frauen. Ein Mann richtet seine Wahrnehmung linear aus, eine Frau hingegen radial. Eine Frau kann Emotionen jeden Augenblick präsent haben, ein soziales Netz in kurzer Zeit aufbauen, umsichtig sein und vom Zentrum aus den Überblick bewahren und sich vorrangig durch Sprache orientieren. Zugleich sind Frauen aber darauf bedacht, es ihrem Umfeld recht zu machen. Es gelingt ihnen manchmal schwerer, sich durchzusetzen.

Ein Mann kann durch seine lineare Ausrichtung gut sortieren, planen, strukturiert denken und hat gern die materielle Versorgung und Absicherung im Blick. Meistens kommt er (allein!) zu einem Ergebnis, bevor er einen Sinn darin sieht, sich verbal zu einem Thema oder Problem zu äußern. Zumeist ist ein Mann froh, wenn ihn bei seinen wichtigen Tätigkeiten zur Sicherung des Lebens die Gefühle nicht ablenken.

Da haben wir sie, die klassische Rollenverteilung, die in Zeiten der Emanzipation doch gar nicht mehr so klar gelten sollten?

Meine Coachingklienten schätzen es, dass ich zusätzlich zu meiner ureigenen weiblichen auch die männliche Orientierungsstrategie beherrsche.

Weibliche Klienten wünschen sich oftmals meine Begleitung für das Finden ihrer Ziele. Sie kommen etwa mit einem Gefühl der Unzufriedenheit zu mir. Wir tauchen in solchen Fällen gemeinsam in ihre Gefühlswelt ein und erschaffen konkrete und realistisch erreichbare Ziele sowie die dazu passenden Erfolgsstrategien.

Männer kennen ihre Ziele zumeist sehr gut und erarbeiten diese gern für sich allein. Sie ziehen mich als Beraterin ihres Vertrauens heran, um diese im Austausch abzuchecken und ihre eigene Intuition für berufliche Chancen und persönliche Entwicklungsprozesse zu erweitern. Nicht umsonst wird vielen erfolgreichen Topmanagern, die zusätzlich zu ihren wirtschaftlichen Fähigkeiten auch für ihre soziale Intelligenz hoch gelobt werden, ein hervorragendes Bauchgefühl attestiert. Albert Einstein beschrieb dies folgendermaßen: *„Die Intuition ist ein göttliches Geschenk, der denkende Verstand ein treuer Diener. Es ist paradox, dass wir heutzutage angefangen haben, den Diener zu verehren und die göttliche Gabe zu entweihen.“*

Für die erfolgreiche BR-alpha-Fernsehserie „Auf den Spuren der Intuition“ wurden namhafte Wissenschafter unserer Zeit, geistige Lehrer und Wirtschaftsführer interviewt. Fazit: Intuition entsteht dann, wenn wir mit unserem

Verstand an Grenzen stoßen und nicht mehr weiterwissen. Dies wird von vielen als eine faszinierende Entdeckungsreise entlang der Schnittstelle von Wissenschaft und Spiritualität empfunden.

Das Leben unterwegs: sicher ist sicher!

„Warum ich so viel reise?
Weil es schwierig ist,
ein bewegliches Ziel zu treffen."
(Tennessee Williams)

„Hallo, ich wollte nur mal fragen, in welchem Land du zurzeit unterwegs bist. Ich wünsche dir einen schönen Tag!" Die Stimme meines Vaters auf meiner Mobilbox klingt interessiert und unbesorgt. Trotzdem beschleicht mich schlechtes Gewissen.

Auf meiner Reise durch die Schweiz und Italien, auf dem Weg von Deutschland nach Österreich, habe ich einige Stationen bereits absolviert und sammle fleißig Ideen für dieses Buch. Natürlich soll darin ein Kapitel der Sicherheit gewidmet sein. Doch was tue ich selbst? Über eine Woche lang bin ich bereits mit dem Wagen unterwegs und habe niemandem Informationen über meine genaue Reiseroute sowie Kontaktadressen hinterlassen. Darin besteht Potential für Verbesserung, denke ich und plane, dies ab sofort zu ändern. Denn ich hatte doch schon erlebt, wie schnell sich Situationen ändern können.

Der Schmerz, den ich plötzlich vor einem Jahr spürte, war der sichere Beweis dafür. Eben noch hatte ich in einem Kino in Helsinki einen Film genossen, kurz darauf humpelte beziehungsweise hüpfte ich auf einem Bein durch die Lobby. Ein Fehltritt auf den Stufen hatte mich stolpern lassen, ein umgeknickter und kurz darauf sehr geschwollener rechter Fuß war die Folge. Eine kleine Herausforderung, da ich allein von Norwegen nach Finnland gereist war und niemanden in Helsinki kannte.

Meine nächsten Handlungen zeigten mir, wie lösungsorientiert mein Denken in den vergangenen Jahren geworden war. Es hat nur eine Minute gedauert, bis ich mich bis zum Ausgang bewegt hatte. Dort gelang es mir, die Entfernung zum Hotel im Hüpfmodus als erreichbar einzuschätzen. Es dauerte zwar über eine halbe Stunde, bis ich den im Normalfall in fünf Minuten schaffbaren Weg hinter mir hatte. Aber es machte mich stolz, dies so gut über die Bühne gebracht zu haben. Im Hotel angekommen, erbat ich vom Zimmermädchen einen Eisbeutel, mit dem ich meinen geschwollenen Fuß kühlte. Nachdem mich die nette finnische Servicekraft anscheinend sympathisch fand, betreute sie mich an diesem Abend und am nächsten Tag weiter und brachte gut kühlenden Nachschub für meinen Fuß. Das war nötig. Der Fuß schmerzte immer mehr, und sogar der Weg ins Bad war mittlerweile eine anstrengende Tortur. Zwölf Stunden später war alles wieder bestens, und ich hatte die Zeit, die ich bewegungslos im Bett liegen musste, genutzt, um mir eine Checkliste zu machen. Diese darf ich Ihnen ebenfalls ans Herz legen:

1. Vor dem Antritt meiner Reisen erkundige ich mich, welche Stadtteile und Orte ich besser meiden sollte.

2. Ich nehme eine Kopie meiner wichtigsten Reisedokumente mit und bewahre diese getrennt von den Originalunterlagen auf. Das hat mir bereits einmal gehol-

fen, als ich kurzfristig ein zusätzliches Visum in Asien benötigte. Auch im Fall eines Diebstahls wären die Kopien von Vorteil.

3. Ich habe eine Liste mit allen Telefonnummern zum Sperren meiner Kreditkarten bei mir.

4. Wenn ich in einem Hotel übernachte, nutze ich den Hotelsafe. Das hört sich zwar selbstverständlich an, war es aber lange Zeit nicht für mich. Irgendwie hat mich das Einstellen des Codes immer genervt. Jetzt nutze ich diese Dinger ganz brav.

5. Besonders Handtaschen können leicht gestohlen werden. Das ist mir sogar in einem Wiener Café unter einer Touristengruppe passiert. Seither trage ich auf Reisen kleine Taschen nahe am Körper.

6. Wenn ich am Abend oder in der Nacht einen Geldautomaten benutze, vermeide ich dunkle, abgelegene Gegenden. Ich denke lieber tagsüber daran, Geld abzuheben.

7. Ich versuche, nicht wie ein typischer Tourist zu wirken und blicke lieber diskret und nicht mitten auf der Straße auf den Stadtplan.

Die österreichische Fernsehjournalistin Antonia Rados war jahrelang für den ORF und danach für RTL in diversen Krisengebieten wie etwa dem Iran unterwegs. Geschehnisse wie Geiselnahmen und Bombenangriffe in ihrer nächsten Umgebung zählten zu ihren alltäglichen Arbeitsbedingungen. Bei einem Vortrag, den sie über diese außergewöhnlichen Zeiten unter extremen Bedingungen hielt, traf sie folgende Feststellung: „Es ist keinesfalls sicherer, sich in einer Gruppe zu bewegen“, so die kriegsgeprüfte Auslandskorrespondentin. Zwar fühlt man sich vordergründig geborgener, und für ihre Arbeitsbedingungen war das Zusammenbleiben des Teams notwendig. Doch in vielen Fällen und in weniger gefährlichen Ländern ist es von Vorteil, sich allein fortzubewegen. „Wer allein unterwegs ist, kann sich viel unauffälliger bewegen."

Auf die eigene Sicherheit zu achten, kann auf diversen Reisen sehr unterschiedlich ausfallen: In der teuren Schweiz und im ebenfalls sehr kostenintensiven Norwegen sollten Sie sich die Preise auf der Speisekarte ansehen, bevor Sie eine Großbestellung abgeben. Dadurch ist Ihr Geld in Sicherheit.

Im Oman und generell im arabischen Raum sind Sie als Frau sicher und beschützt. Die Ehre der Omanis ist mir beispielsweise als für andere Männer vorbildhaft in Erinnerung. Selten habe ich mich so sicher gefühlt wie in Muskat. Dafür sind im Gegenzug bestimmte Verhaltensregeln, die für islamische Länder gelten, zu beachten: Im Ramadan ist etwa das Essen, Trinken und Rauchen in der Öffentlichkeit auch für Nichtmuslime untersagt.

Im afrikanischen Botswana bedeutete dies hingegen, auf Nashörner zu achten. Diese Reise unternahm ich zwar in einer Gruppe, schlief aber allein in einem Zelt. Nach dem Abendessen wurde jeder Gast von Bediensteten des Camps zu seiner Übernachtungsstätte gebracht. Es galt die klare Anweisung, dieses bis zum Morgen nicht mehr zu verlassen. Die „Hippos", die es aus der freien Wildbahn immer wieder in das Xakanaxa-Camp im Okavango-Delta zog, seien gefährlich und angriffslustig, warnte man uns. Ich hielt mich an diese Anweisung. Nicht so ein Journalistenkollege: Er hatte seine Zigaretten im Gemeinschaftszelt vergessen und in der Nacht geholt. Ein Erlebnis, das er niemals vergessen wird. Zwei Nashörner nahmen bei der Rückkehr zu seinem Zelt Jagd auf ihn auf. Er schaffte es zwar sicher zurück, doch die beiden Hippos blieben die ganze Nacht nahe seinem Zelt, schnaubten ärgerlich und stießen aufgebracht immer wieder gegen den dünnen Zeltstoff. Unser Kollege kam zwar mit einem sinnbildlichen blauen Auge davon, doch es lehrte ihn, wie er morgens meinte, eines: Es kann sehr sinnvoll sein, Anweisungen von Einheimischen achtsam zu befolgen!

Bei all meinen Erlebnissen und Tipps: Bitte lassen Sie sich nicht verunsichern. Das Leben kann im Alltag ebenso unsicher sein oder auf Reisen sicherer als zuhause. Begegnen Sie Ihrem inneren Zweifler mit Gelassenheit: Seien Sie selbstsicher, sich selbst sicher, dass Sie jede – wirklich jede – Situation mit Bravour meistern werden.

Ihr kurzer Weg zu sich selbst

- Benennen Sie, was Sie selbst sicher glücklich macht!

- Entscheiden Sie, welches Reisetempo Ihnen liegt und wählen Sie das dementsprechende Reisemittel!

- Gemeinsam statt einsam: Schließen Sie Freundschaften mit sympathischen Reisegenossen!

- Achten Sie am Weg Ihrer Selbstfindung auf eine gute Orientierung!

- Verabschieden Sie Ihren inneren Zweifler: Denken Sie nicht in Problemen, sondern in Lösungen!

- Sicher ist sicher: Geben Sie Bescheid, wo Sie während Ihrer Selbstfindung zu finden sind!

- Sicher ist, dass jede (Lebens-)Reise ein Ende hat: Überlegen Sie sich andere Bereiche, die in Ihrem Leben ebenfalls sicher sein sollten!

- Entwickeln Sie Strategien, die Sie sicher durchs Leben bringen!

- Treten Sie überall auf Reisen und im Leben selbstsicher auf!

- Erleben Sie sich selbst als Sicherheitsfaktor Nummer 1 in Ihrem Leben!

KAPITEL 7
SELBSTLIEBE: IN SICH SELBST ZUHAUSE SEIN AUF REISEN

Ihr Hotelzimmer, Ihr Refugium!

„Erst die Fremde lehrt uns,
was wir an der Heimat haben.“
(THEODOR FONTANE)

Um mich herum herrscht Chaos. Nichts ist so, wie es sein sollte. Würde ich jetzt etwas brauchen, müsste ich länger danach suchen als zuhause in meiner gewohnten Umgebung. Mein Zuhause ist in zwei Städten, in Wien und Berlin. Dort ist immer alles an seinem Platz, wobei ich in meinen eigenen vier Wänden genau überlege, für welches Utensil in meinem Leben wo der beste Platz ist. In beiden meiner Wohnungen ist alles wohl überlegt und geordnet. Ich schätze Struktur und Ordnung, weil dies den Alltag ungemein erleichtert und auch im Job alles unkompliziert und schneller von der Hand gehen lässt.

Ganz anders ist es auf Reisen, auf den Reisen mit mir allein. Mein Hotelzimmer sieht nach ein paar Stunden aus als ob eine Bombe eingeschlagen hätte. Der Koffer liegt geöffnet am Boden, ich lebe direkt aus meinem bewährten Rimowa-Begleiter. Das Einräumen meiner Wäsche in diverse Kleiderschränke ist mir verhasst, erscheint mir unsinnig und als Zeitverschwendung. In solchen Momenten genieße ich es, dass ich allein für dieses Chaos verantwortlich bin und auch das System dahinter kenne. Denn das besteht, obwohl es auf den ersten Blick nicht den Anschein hat. Dieses Chaos bedeutet für mich gelebte Kreativität und die Freiheit, auch einmal alle Fünf gerade sein zu lassen.

So sehr mich meine Klienten in den Coachingeinheiten für meinen strukturierten Überblick schätzen, so sehr würden sie sich wundern, wenn sie einen Blick in meine aktuelle Juniorsuite im schönen Hotel Irma in Meran werfen könnten. Diverse Unterlagen, die ich für das Schreiben dieses Buches zusammengetragen habe, sind in einem charmanten Durcheinander über den Raum verteilt. Im Bad buhlen Kosmetikutensilien mit Zeitschriften und anderem Kleinkram um einen Platz. Und mittendrin, auf der Wohnzimmercouch, findet gerade eine Downloadeinheit auf meinem zweiten Laptop statt. Trautes Heim, Glück allein.

Das Glück mit mir allein. Ja, das ist es, was ich in solchen Momenten empfinde. Keine vorwurfsvollen Blicke einer Reisebegleitung, die sich über meine ganzheitliche und jeden Winkel nutzende Ausbreitungsstrategie erregt. Keine meckernden Bemerkungen á la „Nun habe ich mir wieder den Fuß an deinem Koffer gestoßen. Wann räumst du endlich aus?“, und auch kein anderer Mensch, der vielleicht gar Unordnung in mein wohlgeordnetes Chaos bringt. Nein, alles ist genau dort, wo ich es haben möchte, ganz unordentlich. Eben anders als gewohnt. Das ist Urlaub vom Alltag.

Völlig anders erging es mir mit meiner Unterkunft in der Ayurvedaklinik im vergangenen Jahr. Statt 160 Quadratmeter nannte ich plötzlich nur mehr 7 Quadratmeter mein Heim. Damals schrieb ich in meinen Reiseblog:

„Kovalam/Indien – Ich beziehe mein Ayurveda-Quartier. Die Ayushya-Klinik liegt nahe dem Kovalam Beach. Im Zuge der Kurbesprechung entscheide ich mich dafür, ein Zimmer direkt in der Klinik zu nehmen. Mein Ayurvedaarzt Dr. Sambhu dazu: „You're a tough Person. You can live anywhere." Wollte er mich da vielleicht mental motivieren, nicht über meine zukünftige Accomodation zu meckern? Es ist nämlich das letzte (extrakleine!) Zimmer, das verfügbar ist. Ein Bett, frische Laken, ein Fernseher: Toll, denn ich erfreue mich gerade daran, mein Englisch mit TV-Filmen aufzubessern. Und das Wichtigste: WI-FI! Das gibt es zu meiner großen Überraschung in der Ayushya-Klinik sogar auch im Zimmer, gratis!

Ich bin ein wenig über mich selbst erstaunt: Ich liebe schönes, exklusives Design, viel Raum für mich und einen hohen Hygienestandard. Nun bin ich aber schon fast 14 Tage auf Reisen und nach dem neureichen und plattgoldverzierten Dubai fasziniert mich das weniger gut situierte Indien immer mehr. Der Nebeneffekt: Meine Ansprüche sind stark gesunken. Oder anders formuliert: Leicht zu stillen. Ich finde sicherlich in diesem 7 Quadratmeter-Zimmer mein Glück in den nächsten Wochen, da bin ich mir sicher."

Auf Reisen nächtigen wir in fremden Räumen. In einfachen Zimmern, in luxuriösen Suiten, im Zelt oder Wohnwagen, auf Schiffen oder in Zügen, vielleicht auch einmal in einem Ferienapartment. Diese Räume stehen uns für einen bestimmten Zeitraum zur Verfügung. Ich habe immer wieder festgestellt, dass es wichtig ist, sich diesen Raum als sein Zuhause anzueignen, auch wenn dies nur für eine Nacht ist. Diese vier Wände sollen die Oase der Kraft auf Reisen werden.

Wie verhalten Sie sich, wenn Sie in eine neue Bleibe auf Reisen kommen? Was ist Ihnen dort wichtig? Haben Sie schon einmal erlebt, dass Sie sich woanders sehr wohl und zuhause gefühlt haben? Welche Kriterien waren dort für Sie erfüllt? Was hat Ihnen dieses vertraute Gefühl verschafft?

Wenn ich auf Reisen eine neue Bleibe betrete, sind meine nächsten Handlungen fast wie ein Ritual. Schon allein dadurch, dass ich meiner gewohnten Routine freien Lauf lasse, beginne ich mich geborgen zu fühlen. Meine Unterkünfte sind völlig unterschiedlich: Vor drei Wochen war ich für eine Ausbildung in München, genau in der Zeit des Oktoberfestes! Es war natürlich unmöglich, ein Zimmer im Zentrum zu bekommen. Ich bin somit morgens eine Dreiviertelstunde in die Stadtmitte gependelt; von einer Unterkunft, die inmitten eines Industriezentrums und einem Zimmer, das oberhalb einer Schreinerei liegt. Lange Rede, kurzer Sinn: Gemütlich ist anders!

Trotzdem oder gerade deswegen habe ich mein Zimmer für diese drei Nächte zu meinem Zuhause umgewandelt: Ich hatte Bücher mitgenommen, diese legte ich neben mein Bett. Dorthin wanderte auch die TV-Fernbedienung. Im Bad arrangierte ich meine Kosmetika so, wie ich sie auch zuhause angeordnet habe und ich selbst warf mich in eine gemütliche Hose und einen Sweater. Das möchte ich Ihnen gern als wichtiges Utensil ans Herz legen: Wenn Sie keine Beschränkungen beim Gewicht des Gepäcks haben, dann gönnen Sie sich Utensilien und Kleidung, die Ihnen den Hauch von zuhause als Hülle verleihen. Sie verbinden auf diese Weise ein bestehendes Gefühl mit einem Ritual, einer vertrauten Handlung. Diese Vorgehensweise wird „Anker setzen“ genannt.

Anker sind externe Reize, die eine bestimmte Emotion in uns auslösen. Es ist ganz leicht, das Ankersetzen zu erlernen und für sich selbst zu nutzen. Auf diese Art und Weise gelingt es, die eigenen Emotionen positiv nach dem eigenen Willen zu beeinflussen. Als Anker kann ein Wort oder ein Begriff dienen. Anker können aber auch aus einer großen Bandbreite von Wahrnehmungen bestehen: aus unterschiedlichen Repräsentationssystemen wie visuell, akustisch, kinästhetisch, olfaktorisch oder gustatorisch.

Visuelle Anker: Um sich ein Heimatgefühl und Geborgenheit auf einer Reise mit Ihnen allein zu zaubern, können Sie Bilder verwenden, etwa Fotos von Menschen, die Ihnen wichtig sind. Oder wie ich es tue, dass ich meine Armbanduhr auf den Nachttisch neben mir lege. Dieser Anblick schenkt mir ein vertrautes Gefühl.

Akustische Anker: Meine liebsten akustischen Anker sind in meiner Song-Mediathek auf meinem iPhone gespeichert. Es gibt ganz spezielle Lieder oder auch Hörbücher, die mir vertraut sind und die ich mit angenehmen Situationen und Momenten verbinde. Wenn ich diese in einem noch fremden Hotelzimmer höre, beginne ich mich zu entspannen und zuhause zu fühlen.

Kinästhetische Anker: Wie fühlt sich eine bestimmte Kleidung für Sie an? Spüren Sie den Stoff auf der Haut? Tut Ihnen ein Stein als Talisman in Ihrer Hosentasche vielleicht gut? Das wäre ein Beispiel, wie Sie Gegenstände mit einer bestimmten Funktion versehen könnten.

Olfaktorische Anker: Egal, wo ich auf dieser Welt bin, mich umgibt ein Hauch meines Parfums „Narciso Rodriguez". Das ist mein konstantester olfaktorischer Anker. Dieser Parfumhauch zieht sich bereits seit acht Jahren durch mein Leben. Ich verwende auch gern Weihrauch, um die Luft in einem Hotelzimmer zu klären. Weil mir dieser Geruch von zuhause sehr vertraut ist, stellt sich in diesen

Momenten sofort ein heimeliges Gefühl in mir ein. Zu einem meiner wichtigsten Rituale zuhause und auf Reisen zählt die Zubereitung eines Masala-Tees, der Ingredienzien wie Ingwer, Zimt und ein bestimmtes exotisches Gewürz enthält. Wenn ich morgens die Zubereitungszeremonie starte und diese einzigartige Duftnote rieche, fühle ich mich sofort geborgen und heimatlich verbunden.

Gustatorische Anker: Es ist auch der Geschmacksinn meines Lieblingstees, der mich als Anker in diesen Zustand versetzt. Können Sie die Note von Zimt und Ingwer schmecken? Dies ist mein Anker für Heimat, meiner Heimat überall auf dieser Welt.

Bei den Vorbereitungen zu diesem Buch fand meine Verlagsleiterin sehr passende Worte für dieses Heimatgefühl in der Ferne und bereits Marvin Gaye und Paul Young hatten mit diesem Songtitel großen Erfolg: „Wherever I Lay My Hat (That's My Home)"

Die Kraft der Rituale

„Eine Reise ist ein Trunk aus der Quelle des Lebens."
(Friedrich Hebbel)

Bevor ich von Wien aus nach Berlin abhebe, gönne ich mir meistens ein erfrischendes Getränk im Café am Terminal C. Danach lasse ich mich im Flugzeug entspannt auf meinem heißgeliebten Sitzplatz 7C im Airberlin-Flieger nieder. Egal, um welche Uhrzeit ich in New York lande, ich mache mich gleich auf in den nächsten rund um die Uhr geöffneten Deli.

Ich mag dieses Gefühl, jederzeit alles erhalten zu können. Und in Asien steht möglichst bald nach der Landung eine wohltuende Massage ganz oben auf meiner Agenda. Das lässt mich innerlich schneller auf einem anderen Kontinent ankommen.

All dies sind mir liebgewonnene Rituale auf Reisen geworden. Wenn wir allein unterwegs sind, lässt sich übrigens auch leichter herausfinden, welche Rituale uns guttun und welche vielleicht nur eine schlechte Gewohnheit sind. So habe ich es mir beispielsweise abgewöhnt, auf Airports zu essen. Lieber denke ich vor und nehme etwas mit, denn mir ist das kulinarische Angebot auf Flughäfen einfach zu sehr auf Fast Food getrimmt.

Wo begegnen uns Rituale generell in unserem Leben und welchen tieferen Sinn haben sie? Küsse zur Begrüßung, mit einem Glas Wein auf ein erfreuliches Ereignis anstoßen oder die Einstandsfeier für den neuen Kollegen: Unser Alltag steckt voller Rituale. Ohne sie funktionieren Gesellschaften nicht, sagen Anthropologen. Rituale und immer wiederkehrende Abläufe sind enorm wichtig für unser Wohlbefinden. Das gilt selbst im Badezimmer. Zähneputzen ist beispielsweise nicht immer nur Saubermachen, sondern auch ein Reinigungsritual. Kinder putzen sich gern mit viel Selbstdarstellung die Zähne und zelebrieren dadurch den Übergang vom Tag zur Nacht. Um Rituale kraftspendend zu nutzen, sollten wir bereit sein, eine soziale Handlung oder eine Körperbewegung als ein Zeichen zu sehen, das auch etwas anderes für uns bedeuten kann.

Ein Beratungsgespräch mit einer neuen Klientin begann beispielsweise mit dem Satz von ihr: „Ich denke den ganzen Tag über Entscheidungen nach. Wann ich meine Zähne putzen soll. Ob ich ins Fitnesscenter gehen und wie ich sonst meinen Tag gestalten soll.“ Das hört sich im ersten Moment vielleicht trivial an, hat aber einen ganz komplexen

Hintergrund. Der knapp fünfzigjährigen Powerfrau fehlte einfach nur der rituelle Hintergrund im Tagesablauf. Damit sind die Handlungen gemeint, die keiner Entscheidungen bedürfen sollten, weil sie selbstverständlich sind. Wenn wir diese selbstverständlichen Handlungen in unserem Leben tätigen, gibt uns das Halt, Struktur und Kontinuität. In diesem Beratungsfall haben wir gemeinsam einen rituellen Zeitplan – ganz nach dem Biorhythmus der Klientin – erstellt. Das erfreuliche Ergebnis: Innerhalb kurzer Zeit hatte sie fünf Kilogramm abgenommen, ihre Master-Thesis fertiggestellt und war sich selbst und ihren Bedürfnissen nähergekommen. Sie war, so beschrieb sie diesen Prozess berührend, endlich bei sich selbst angekommen.

Zwar liegen in Zeiten der Globalisierung und Wirtschaftskrisen eher Flexibilität, Offenheit für Neues und Abenteuerlust im Trend und der Tenor lautet generell, dass wir auf keinen Fall Routine aufkommen lassen sollten. Doch dies sei oftmals zu Unrecht der Fall, findet beispielsweise der deutsche Neurobiologe und Hirnforscher Gerald Hüther. Seine Meinung: Bewusst gestaltete Rituale strukturieren den Tag und geben uns Orientierung, das schafft wiederum ein Gefühl von Halt. Individuelle Rituale haben eine große Wirkung, ist sich Hüther sicher. Vor allem in der Stressbewältigung, denn Rituale beruhigen unsere Nervenzellen im Gehirn.

Dies ist vor allem in Krisensituationen oder anderen ungewohnten Situationen wichtig, wenn Angst und Stress für Unruhe in den neuronalen Netzwerken des Gehirns sorgen. Dann feuern die Nervenzellen völlig ungeordnet Impulse in unser Denken. Das sorgt für somatische Reaktionen: Die Knie werden weich, der Atem stockt und die Hände zittern. Wiederkehrende Abläufe können in solchen Situationen enorm helfen, denn sie synchronisieren die gestörte Beziehung der Nervenzellen und die Information fließt wieder in geordneten Bahnen.

Welche Abläufe, die Ihnen Freude bereiten, könnten Sie auf Ihren Reisen als Ihnen vertraute Tätigkeiten implementieren? Wie könnten Sie die Wirkung von Ritualen nutzen? Die Hirnforschung rät, Rituale als Bewältigungsstrategie ganz gezielt einzusetzen. Mit viel Spaß und Freude an der Sache: Halten Sie nicht an starren Regeln und überholten Traditionen fest, sondern suchen Sie sich Aktivitäten, die Sie gern in Ihren Tagesablauf integrieren. Lassen Sie Ihrem Individualismus freien Lauf: Jeder von uns darf für sich selbst herausfinden, was ihm guttut!

Was ich Ihnen Gutes tun möchte, ist ganz einfach: Als Ihre Muse darf ich Ihnen nun einige Ideen und Impulse geben, welche wohltuenden Rituale Ihre Reisen und das Allein-Unterwegs-Sein aufwerten könnten.

Beginnen wir mit dem Aufbrechen, dem Loslösen aus dem Alltag und dem ersten Schritt Ihrer nächsten Reise. Gibt es ein Kleidungsstück, das Sie gern auf Reisen tragen? Das sich vertraut anfühlt und das Unterwegssein ganz bequem macht. Ich selbst habe gewisse Reiseoutfits, die der Kälte der Klimaanlage im Flugzeug standhalten oder ein bequemes Sitzen im Auto garantieren.

Nachdem ich meine neue Bleibe auf Reisen in Besitz genommen habe, zieht es mich zumeist nach draußen. Eines meiner liebsten Rituale ist es, mich schnellst möglich zu orientieren. Zu wissen, was ums Eck ist und wo ich von der Atmosphäre her gelandet bin.

Am Abend sehe ich gern die tagsüber gemachten Fotos durch und erlebe dadurch den Tag nochmals. Morgens macht es mir Spaß, entweder an die frische Luft zu gehen oder ein wenig zu schreiben, bevor ich mich zum Frühstück setze.

Haben Sie schon Ideen, was Ihre Tage auf Reisen ritualisieren könnte? Welche Strukturen Ihnen, egal wo Sie auf der Welt sind, einen wohltuenden Halt geben könnten? Oder halten Sie es wie der deutsche Fußballer Michael Ballack, der laut dem Magazin „Focus“ meinte: „Ich habe keine Rituale – bis auf Sachen, die man immer wieder gleich macht.“

Finden Sie die Liebe Ihres Lebens: sich selbst!

„Eigenliebe ist der Beginn
einer lebenslangen Leidenschaft.“
(Oscar Wilde)

Ich schlendere durch die Straßen von Manhattan. Nachdem ich die aktuelle Jeans bei „Joe Fresh“ auf der Fifth Avenue erstanden habe, zieht es mich in Richtung Times Square. Vor 15 Jahren war dieser Platz noch sehr heruntergekommen, mittlerweile ist er zum Teil verkehrsfrei und es gibt nett arrangierte Sitzplätze im Freien, wo sich viele Menschen in ihrer Lunch-Pause mit diversen Food-Spezialitäten niederlassen. Spontan entschließe ich mich, mir ein Ticket für ein Broadwaystück zu gönnen. Meine Wahl fällt auf „Seminar“, immerhin hatte ich zuvor ein Seminar von Anthony Robbins in New York besucht, da fand ich meine Wahl doppelt passend. Außerdem spielte der Hollywoodschauspieler Jeff Goldblum mit, den wollte ich gern live sehen.

Durch meine Selbstverwirklichung allein auf Reisen ist etwas passiert. Ich habe ein neues oberstes Gebot in meinem Leben: Sei glücklich, lautet dieses. Früher wäre es mir nicht so leicht gefallen, mich selbst glücklich zu machen. Ich hatte nicht so klar und definitiv gewusst, *was* mich glücklich macht. Von Denkern wie Erich Fromm wird die Selbstliebe als Grundlage dafür gesehen, glücklich zu sein und andere Menschen lieben zu können.

Der wichtigste Schritt dazu ist der Weg zur Selbstliebe: Fertigen Sie doch einmal eine Liste mit all den Zielen in Ihrem Leben an, die Sie erreicht haben. Das kann das Abnehmen von zwei Kilogramm sein, das Finden wirklich guter Freunde oder die sichere Motorradtour durch unwegsames Gelände. Beschränken Sie Ihren Stolz und Ihre eigene Ehre bitte nicht: Selbstlob ist wunderbar und gar nicht arrogant, sondern fördert es, den eigenen Fokus zielgerichtet zu lenken: Auf das, was wir an uns lieben!

Zuvor gilt es für viele von uns, die innere Zerrissenheit zu heilen: All unsere Wünsche an die äußere Welt sind in Wirklichkeit Wünsche an uns selbst. Der Wunsch danach, bedingungslos geliebt zu werden, ist ein Wunsch an uns selbst. Sind Sie selbst in der Lage, sich zu lieben, Ihre Gefühle so sehr zu achten, dass Sie in jeder Sekunde danach handeln und für sich einstehen?

Der Weg der Heilung ist vor allem ein Weg, auf dem wir unsere Selbstliebe so weit ausdehnen sollten, dass sie all unsere Fehler und Wunden bedingungslos einschließt. Auf Reisen allein sind wir auf unserem Weg, und am besten führt dieser zum großen Ziel der Selbstliebe. Wir sind in solchen Momenten unser bester Freund, unsere Mutter und unser Vater. Wirkliche Heilung im Leben geschieht, wenn wir uns auf uns selbst verlassen können. Kennen Sie diesen schönen Satz? Ich bin nicht perfekt, aber ich bin perfekt, so wie ich bin.

Perfekt zu sein, so wie wir sind, bedeutet nicht, dass wir nicht weiter wachsen möchten. Es ist vielmehr die Annahme unseres eigenen Lebenswegs mit all seinen Herausforderungen und Aufgaben. Es bedeutet, dieser Reise des Lebens zu vertrauen.

Es ist von Vorteil zu wissen, was uns Menschen generell glücklich stimmt. Konzentriertes Tun zählt dazu. Mit Freunden plaudern und im Garten werken. Oder wie ich es gern tue: auf Reisen allein Städte und andere Kontinente zu entdecken, mit kulturellen und kulinarischen Genüssen zwischendurch. Es macht auch glücklich, wenn man andere Menschen in sein Leben lässt und diese ihrerseits einen an ihren Erfahrungen, ihren Gefühlen und Gedanken teilhaben lassen. Dann wird das Leben vielfältig und lebendig. Es ist schön, an die vielen interessanten Gespräche zurückzudenken, die ich mit anderen Reisenden unterwegs spontan und ungezwungen geführt habe. Vielleicht haben Sie ebenfalls schon Freundschaften geschlossen, die Ihr Leben verändert haben oder Sie haben die Schönheit anderer Länder durch neue Kochrezepte in Ihr heimisches Dasein integriert. Es kann auch sein, dass ein freudiges Wohlgefühl in uns erwacht und wir deshalb an einen bestimmten Ort wiederkehren.

Eine wichtige Säule für das Erzeugen von Glücksgefühlen ist die innere Ressource und Fähigkeit zur Dankbarkeit. Dies ist der Königsweg zum Glück. Haben Sie diesen Weg als abrufbare Strategie schon einmal versucht? Natürlich lässt es sich zuhause und im eigenen Heim auch gut dankbar sein. Meine Indienreise, also diese Zeit in der Ferne, hat meine Dankbarkeit für meine sicheren und auch luxuriösen Lebensumstände enorm erhöht. Haben Sie das auch schon erlebt? In solchen Momenten merken wir, wie sehr die neuen Wege, die wir beschreiten, unser Dasein bereichern und erweitern.

Während des Schreibens dieses Buches habe ich den gleichnamigen Film zum Weltbestseller „Nachtzug nach Lissabon“ von Pascal Mercier gesehen. Selten hat mich eine Romanverfilmung so beeindruckt wie diese. Vor allem die nachfolgenden Zeilen: *„Wir lassen etwas von uns zurück,* *wenn wir einen Ort verlassen. Wir bleiben dort, obgleich wir wegfahren. Und es gibt Dinge an uns, die wir nur dadurch wiederfinden können, dass wir dorthin zurückkehren. Wir reisen zu uns selbst.*"

Ich liebe es, mich auf Reisen an einen schönen Ort zurückzuziehen. Meistens ist das ein Platz mit einem vortrefflichen Ausblick. Es tut in solchen Momenten nämlich sehr gut, Überblick zu haben.

Am einprägsamsten war dies für mich bei einer Bergtour und während einer persönlichen Krisenzeit. Zuvor, im Tal, sah ich nur die fünf Prozent in meinem Leben, die mich gedanklich Tag und Nacht bannten. Oben angekommen, am Gipfel, war alles plötzlich ganz anders. Alles war so weit und frei, auch mein Denken. Der Blick auf meine aktuelle Lebenssituation zeigte mir dort oben ein völlig anderes Bild: Möglichkeiten, neue Ideen, bisher Erreichtes, meine großartigen Freundschaften – all dies war von dieser Metaebene aus ersichtlich. Seit damals suche ich immer wieder hoch gelegene Orte auf und schreibe eine – lange(!) – Liste, wofür ich aktuell dankbar bin.

Ihr kurzer Weg zu sich selbst

- Veredeln Sie Ihre Unterkunft wie einen Palast: Füllen Sie den Raum mit Dingen, die Ihnen am Herzen liegen!
- Verankern Sie Gefühle, Erlebnisse und Erinnerungen mit Gegenständen und Reiseutensilien!
- Erkennen Sie in der Fremde, was Sie zuhause als Heimatgefühl empfinden!
- Bauen Sie Rituale ein, die Ihnen lieb und wichtig sind!
- Erstellen Sie eine Liste von Dingen und erreichten Zielen, die Sie in Ihrem Leben bereits glücklich gemacht haben!
- Stimmen Sie sich auf Ihre wahre innere und äußere Welt ein: Fertigen Sie eine Liste an, wofür Sie dankbar sind!
- Fühlen Sie diese Dankbarkeit mit jeder Zelle Ihres Körpers!
- Seien Sie dankbar für das, wer Sie sind!
- Nehmen Sie sich gedanklich selbst in den Arm: Trotz oder vielleicht gerade wegen etwaiger eigener Fehler!
- Lieben Sie bedingungslos: sich selbst!

KAPITEL 8

SELBSTBESTÄTIGUNG: ALLEIN ZU ABEND ESSEN? IGITT!

Reisen als Spiegel Ihres Lifestyles

„Die größte Sehenswürdigkeit, die es gibt, ist die Welt – sieh sie dir an.“
(KURT TUCHOLSKY)

Sex and the City! Diese Fernsehserie hat Kultcharakter, vor allem als Lifestyle-Vorgabe für viele Frauen weltweit.

Über acht Millionen Menschen leben in der City an der Ostküste. Das sind so viele Bewohner wie Österreich hat. Dass somit Platz rar ist, erklärt sich von selbst. Und dass diese Menschenansammlung ein paar kleine Eigenheiten hervorruft, ist auch nicht verwunderlich. Das erkenne ich bereits bei meinem ersten Schritt vor die Tür.

1. Verkehr in Manhattan bedeutet: Wer zuerst kommt, geht oder fährt zuerst. Ampeln dienen nur als bunte Orientierungshilfe. Ob Grün oder Rot ist eher nebensächlich. Ob man die Straße überquert, entscheidet man in Manhattan selbst. Es gilt keine Zeit zu verlieren.

2. Nach meiner Zeit in Indien dachte ich, dass mir nirgendwo auf der Welt so schnell so viel Müll begegnen wird. Zwei Wochen später revidiere ich dies umgehend. In den USA und auch in der Trendsetter-City New York „müllt" es überall. Der ökologische Fußabdruck meines kleinen Lunch-Stopps bereitet mir ein schlechtes Gewissen: Salat und Zubehör, alles separat in Plastik verpackt. Das Joghurt in einem Plastikbecher und das Besteck ist natürlich auch aus Plastik.

3. New York ist meiner Meinung nach eine Stadt, in der man besser tough sein sollte. So überschwänglich freundlich zumeist Dienstleistungen entgegengebracht werden (was auch nerven kann, wie etwa die „Hi Sweetie"-Begrüßung eines Verkäufers), so schwer ist es laut Aussagen einiger NYC-Bewohner, eine kontinuierliche Beziehung oder Freundschaft aufzubauen. Die Menschen sind schwer beschäftigt – einfach busy all the time, um das große Geld zu machen. Auf der anderen Seite ist diese Stadt voller interessanter und inspirierender Menschen. Mir werden Fotos von und mit George Clooney am iPhone gezeigt; hier ist so etwas „Part of Life". Models und hippe, schicke Leute gibt es in Manhattan sowieso überall. Das macht natürlich Spaß!

4. Ach ja, und es gibt Essen, Essen und nochmals Essen – wohin das Auge blickt! Wie schaffen es die New Yorkerinnen bloß, schlank zu bleiben? Dazu gibt es mittlerweile sogar einen eigenen Ernährungsratgeber: „New York women are surrounded by more four-star restaurants than any other city on the planet, not to mention a pizzeria on every block and a donut cart on every corner. They enjoy

it all and yet somehow they manage to look so damn good. What's their secret?" Das Geheimnis der gut aussehenden New Yorkerinnen lüftet das Buch „Manhattan Diet". Nebenbei erfahren Sie beim Lesen eine Menge über die alltäglichen Herausforderungen eines Lebens in Big Apple.

Bei all diesem Angebot an Süßem und Pikantem ist New York weiterhin die Stadt mit der höchsten Dichte an Supermodels. Dass diese auch über den Tellerrand blicken und global denken können, beweist Helena Christensen, eines der Topmodels weltweit. Sie sieht das Reisen folgendermaßen: „Je mehr Länder die Menschen kennenlernen, desto mehr Einsicht und Empathie entwickeln sie für die Vielfalt der Kulturen. Manchen engstirnigen Leuten sollte man deshalb das Reisen geradezu verordnen."

Was ist Ihr ganz persönlicher Lifestyle auf Reisen? Lieben Sie es, schick angezogen nach den neuesten Modetrends Ausschau zu halten? Dann nichts wie ab zu einem Shoppingtrip nach Mailand, Paris oder anderswohin. Haben Sie mehr das ökologische Denken im Fokus, dann ist vielleicht ein Aufenthalt in einem Yoga-Retreat auf La Gomera etwas für Sie. Wer gern eine neue Fertigkeit erlernt und Süßes liebt, entscheidet sich eventuell für den Cupcake-Backkurs in London.

Bei Männern in meinem Bekanntenkreis ist die Reise inklusive Triathlon-Training derzeit sehr angesagt; auch, sich ein tolles Motorrad auszuborgen und sich durch etwas unwegsameres Gelände zu schlagen, hat ebenfalls rasant an Beliebtheit gewonnen.

Auf einer Reise mit Ihnen allein ist eines zu hundert Prozent möglich: Dass Sie Ihren ganz persönlichen Lifestyle leben können. Vielleicht ist das ein völlig anderer, als dies zuhause denkbar wäre. Oder es würde Sie ermüden, diesen gewünschten Lifestyle täglich zu leben, Sie genießen es aber temporär. Dann ist dafür eine Auszeit, also eine Urlaubszeit allein, genau richtig! Wie heißt es so schön? Die Melodie macht die Musik!

Vom Raucher zum Nichtraucher: Vom Loslassen auf Reisen

„Wir brauchen nicht so fortzuleben,
wie wir gestern gelebt haben.
Macht euch nur von dieser Anschauung los, und
tausend Möglichkeiten laden uns zu neuem Leben ein.“
(Christian Morgenstern)

Weihnachten in Paris. Das sollten Sie sich einmal gönnen! Die ganze Stadt ist am 24. Dezember auf den Beinen, um wunderbare Köstlichkeiten einzukaufen. Der Heilige Abend im Kreise der Lieben wird zelebriert, nur das Beste kommt auf den Tisch und man macht sich an diesem Abend ganz besonders fein.

Ich hatte das Glück, ein Teil der Patchwork-Familie eines guten Freundes zu sein und auch die Ehre, unseren Gastgeber als eloquenten und interessanten Tischherren genießen zu dürfen. Pierre Hermé, einer der gefeiertsten Chocolatiers (und die Franzosen lieben ihre Chocolatiers!), saß also an meiner Seite. Er besitzt in Paris und ganz Frankreich eine Vielzahl an Geschäften, unter anderem in der Galerie Lafayette. Seine *Macarons* haben Kultstatus erreicht und

Pierre Hermé wird als „der Mann mit dem exzellenten Geruchs- und Geschmackssinn“ bezeichnet.

Nach dem Intro mit Champagner und Schnecken, den Vorspeisen bestehend aus Jakobsmuscheln und Fisch, folgte der Hauptgang: Ein Hasengericht mit einer exquisiten Beilage. Das Mahl war opulent, und die Idee meines Freundes für eine Zigarette auf dem Balkon herzlich willkommen. Und so standen wir zwischen Hauptspeise und erstem Dessertgang draußen, rauchten und froren währenddessen.

Der Moment, als ich mich wieder neben meinen Tischherrn setzte, diesem Mann mit dem außergewöhnlich feinen Geruchssinn, wird mir ewig in Erinnerung bleiben: Ich roch den kalten Rauch an mir und schämte mich entsetzlich. Igitt, war das widerlich! Das ganze Ambiente so herrlich französisch kultiviert und ich selbst so ungustiös schlecht riechend. Wie sah mich der Kult-Chocolatier? Ich betrachtete mich selbst aus seinen Augen: Eine hübsche und charmante Wienerin, die furchtbar nach Rauch stank. Nicht unbedingt das Bild, das ich für andere gern abgebe.

Es gab übrigens noch eine zweite Zigarette an diesem Abend, meine letzte, draußen am Balkon. Aber ich war nicht mehr dieselbe. Es war, als ob ich neben mir stehen und mir selbst bei jedem Zug an der Zigarette zusehen würde. Ich roch den Rauch hundertmal so stark wie sonst, ekelte mich davor und gestand mir aus tiefstem Herzen ein: „Das bist nicht du, Katrin. So willst du nicht sein. Das passt nicht zu dir. Das lass besser sein.“

Es war ganz einfach: Ich ließ die rauchende Katrin auf diesem Balkon in Frankreich zurück. Dieser Teil von mir durfte nicht mehr mit in mein Leben und schaffte es nicht, mit mir zurückzufliegen. Ich landete als Nichtraucherin in Wien. Das ist nun über drei Jahre her, und es gab danach keinen einzigen Moment, in dem ich Lust gehabt hätte, eine

Zigarette zu rauchen. Nein, das Gegenteil war und ist der Fall: Ich bin heilfroh, nicht mehr rauchen zu müssen!

Warum war es plötzlich so leicht gewesen, Nichtraucherin zu werden? Ich hatte doch schon unzählige Male versucht aufzuhören und war immer wieder rückfällig geworden. Nach nur kurzer Zeit, also zumeist nach ein bis zwei Wochen, hatte ich jeweils wieder geraucht. Dieses Mal hingegen quälten mich keine Entzugserscheinungen, vor allem keine gedanklichen, sondern ich fühlte mich völlig eins mit meiner Entscheidung und erfreute mich daran. Ich war aus meinem gewohnten Leben herausgetreten, hatte eine Reise an einen anderen Ort unternommen und kam verändert zurück. *Voilà*! Ich wurde zu Weihnachten im Jahr 2010 in Paris zur heißersehnten Nichtraucherin.

Aus meinem Erfahrungsschatz als Coach kann ich nun dieses herrliche Phänomen, das ich damals erlebte, benennen. Ich hatte eine zweite Wahrnehmungsposition eingenommen. Wir Menschen können uns somit „ins rechte Licht rücken", uns selbst von außen betrachten und die Situation aus einer anderen Perspektive erleben. Diese Wahrnehmungspositionen werden Assoziation und Dissoziation genannt. Unter Assoziation wird der Wahrnehmungszustand verstanden, in dem wir in unseren Gefühlen aufgehen. Wir erleben und sehen die Welt aus unseren Augen, so als ob wir selbst die Hauptrolle in einem Kinofilm spielen. Die zweite Perspektive, die Dissoziation, kann in Veränderungsprojekten nützlich sein. In der dissoziierten Sichtweise erleben wir das Geschehen wie ein Zuschauer eines Kinofilms. Wir sitzen in einer der Zuschauerreihen und betrachten interessiert, was auf der Leinwand vor sich geht. Wir haben nicht nur eine räumliche Distanz zu dem Geschehen, sondern auch eine emotionale. Dadurch können subjektiv nachteilig erlebte Situationen verlassen werden, wenn sie von einer höheren Warte, von einer Distanz aus, betrachtet werden. Dies erlaubt es, die möglichen Chancen zu erkennen, die sich durch die angedachte Veränderung ergeben können. In dem Zustand der Dissoziation betrachten wir die Situation aus einer Adlerperspektive, stehen sprichwörtlich über uns, und sind Beobachter unserer Lebenssituationen.

Beide Wahrnehmungsarten haben ihre Vorteile. Wenn wir lernen damit umzugehen, also von einem Modus auf den anderen zu schalten und zwar genau in den Modus, der uns gerade guttut, sind wir um einiges handlungsfähiger im Umgang mit internen Emotionen. Doch wofür eignet sich welcher Modus am besten?

Wählen Sie den *Assoziationsmodus*, wenn Sie ganz bei sich sein wollen. Ein Mensch im assoziierten Zustand erlebt Situationen im Hier und Jetzt und als vollständige Repräsentation der Erfahrung aller Sinneskanäle. Er sieht mit seinen Augen, hört mit seinen Ohren und fühlt und lebt seine Gefühle. Der assoziierte Mensch steckt voll in dieser Wahrnehmung. Dadurch entfaltet sich das Erlebte in seinem vollen Genuss. Ich spürte damals in Paris den Champagner angenehm prickelnd meine Kehle hinunterfließen, roch den Knoblauchsud der Schnecken und erfreute mich am Anblick der Jakobsmuschel auf meinem Teller. Als Genießerin erlebte ich diese Momente sehr intensiv, indem ich mich ihnen voll und ganz hingab.

Völlig anders betrachtete ich die Welt, als ich nach meiner ersten Zigarette wieder vom Balkon in den Salon trat, mich neben den Gastgeber gesetzt hatte und mich selbst aus seinen Augen betrachtete. Ich war in diesem Moment weit weg von meinen Gefühlen. Der Dissoziationsmodus hatte eingesetzt und half mir, die Situation neu zu betrachten und zusätzlich aus einer anderen Perspektive zu sehen.

Dissoziation zeichnet sich dadurch aus, dass wir eine innere Distanz zu unserer Wahrnehmung bekommen. Wir nehmen die eigene Person von einem außenliegenden

Standpunkt wahr. Wie ein Zuschauer oder Zuhörer. Darin liegt der Vorteil dieses Wahrnehmungsmodus: Durch den Abstand zum Geschehen werden in diesem Zustand Gefühle nicht in ihrer vollen Präsenz wahrgenommen, sondern mit Distanz.

Somit hat man das eigene Verhalten besser unter Kontrolle. Und ich habe diesen Moment der Kontrolle genutzt und mir wie eine liebevolle Freundin selbst gut zugesprochen: „Das bist nicht du, Katrin. So willst du nicht sein. Das passt nicht zu dir. Das lass besser sein."

Wollen Sie ebenfalls etwas loslassen, hinter sich lassen? Gibt es Gewohnheiten in Ihrem Leben, die Sie als nicht förderlich oder sogar hinderlich empfinden? Etwas, das Sie immer wieder in eine Falle lockt und Ihnen Schuldgefühle verursacht? Empfinden Sie es so, als ob Sie über bestimmte Teile Ihres Lebens keine Kontrolle hätten? Gibt es Teile in Ihnen, die Ihnen auf Ihrer Lebensreise im Weg stehen? Dann heißt es losziehen zum Loslassen! Machen Sie sich auf, raus aus Ihrer Situation des Assoziierens. Betrachten Sie Ihr Leben aus der Adlerperspektive. Stellen Sie sich vor, Sie stehen auf einem Berggipfel und blicken auf Ihr Leben hinab. Was ist gut darin? Was ist nicht mehr gesund und soll sich in Luft auflösen?

Ich habe dieses „Patentrezept" seither noch zweimal angewendet: Das erste Mal nochmals spontan, ungeplant und auch für mich selbst völlig überraschend. Ich war in Indien unterwegs und hatte tagsüber erbärmlich abgemagerte Hühner herumflattern gesehen. Bei meinem Abendessen, das ich allein einnahm, orderte ich *Chicken Masala*. Ein heißer Tontopf mit Hühnerfleisch in Sauce wurde gebracht und vor mir abgestellt. Ich sah mir das Gericht genau an, schöpfte einen Löffel des Inhalts auf meinen Teller und den Reisring, der dort schon darauf wartete, und führte den ersten Bissen zu meinem Mund. Langsam biss ich auf das Geflügelfleisch, kaute ein paar Mal darauf herum und schluckte es dann hinunter. Nach diesem Bissen legte ich das Besteck zur Seite und eine Pause ein. Mir war danach, nachzudenken. Ich, die Fleisch und Geflügel in ihrer Kindheit und Jugend über alles geliebt hatte, verspürte ein Unwohlsein beim Verzehr eines *Chicken Masalas*. Wie konnte das sein? Warum graute es mir davor, weiter auf einem Fleischstück herumzukauen? Was ging in mir vor?

Ich betrachtete mich damals von außen. Sah mich selbst, wie ich da saß, mitten in Indien, vor einem Topf mit Hühnerfleisch. Vielleicht war dies ein Hühnchen wie ich es tagsüber gesehen hatte. Und ich würde nun gleich darauf herumkauen. Bissen für Bissen. Nein, das war keine Vorstellung, die mir gefiel. Wieder war da dieser Gedanke: „Das bist nicht du, Katrin. So willst du nicht sein. Das passt nicht zu dir. Das lass besser sein." Loslassen war wieder einmal angesagt. Und ich war froh darüber! Zwar hatte ich damals das Ziel, Vegetarierin zu werden, nicht unbedingt auf meinem aktuellen Radar, doch ich bewunderte seit Längerem alle Menschen rund um mich, die sich dafür entschieden hatten.

Ich denke, wenn ich damals in Gesellschaft und abgelenkt gegessen hätte, wäre dieser Moment ungenutzt an mir vorübergezogen. Mit mir allein beim Dinner hatte ich hingegen die Chance, mir bewusst zu werden, welcher Wandel sich soeben in mir vollzog. Die Entscheidung, mich vegetarisch zu ernähren, habe ich nie bereut. Ich fühle mich auch nicht bei meiner Essensauswahl eingeschränkt. Ich wurde am Valentinstag 2012 in Indien zur Vegetarierin.

Von diesem Moment an war es so, als ob ich es immer schon gewesen wäre. Einzig, wenn ich auf einer Speisekarte ein Beef Tartare entdecke, dann erinnere ich mich daran, wie gern ich das früher gegessen hatte. Aber das war es dann auch schon wieder. In Berlin lebe ich übrigens in einem Kiez, der vor lauter Biomärkten nur so strotzt. Das Angebot für Vegetarier ist unermesslich reichhaltig. Ich bin neben vielen anderen Dingen auch für meine Ernährungsgewohnheiten genau am richtigen Platz gelandet.

Aller guten Dinge sind drei! Das ist ein Leitsatz, der schon oft in meinem Leben zugetroffen hat. Sowohl bei meinen Wohnungen in Wien als auch bei meiner Suche in Berlin war es jeweils die dritte Wohnung, die ich besichtigte, in die ich mich verliebt hatte. Warum sollte das Loslassen schlechter Gewohnheiten auf Reisen nicht auch vorhersehbar und geplant funktionieren? Mit voller Entschlusskraft und zugleich Leichtigkeit!

Diesen Sommer habe ich meinen Geburtstag dafür genutzt. Die Nacht zuvor verbrachte ich in einem Kloster, schirmte mich von allem ab, das ich als für mich nicht gesund betrachtete und ging in mich. Wo war ich in meinem Leben noch süchtig? Was trieb mir Sehnsuchtsgedanken in den Kopf? Wonach verlangte mein Körper, ohne dass mein Geist es wollte? Die Antwort war klar: Zucker! Die Süße des Lebens, die heimliche Versuchung. Immer und überall verfügbar, in jeder Bäckerei und auch auf jeder Tankstelle.

Wenn ich täglich nachmittags meinen Heißhungerattacken auf Süßes nachgab, fühlte ich mich wie ein Junkie. Nicht umsonst betitelte das Magazin „Der Spiegel" eine Coverstory mit den Worten „Die Droge Zucker".

Wie bei einem Schuss für einen Heroinsüchtigen spielte sich bei mir Ähnliches ab: Ich war für einen kurzen Moment high! Wunderbar. Das dauerte aber nur kurze Zeit an, oftmals nur den Verzehr lang. Das Gefühl danach war dann schon weniger verheißungsvoll. Ich fühlte mich voll, übervoll, unrund und unruhig. Kurz nachdem der Zuckerspiegel im Blut wieder abfiel, war ich erschöpfter und müder als zuvor.

Seit meiner Indienreise ist mir die Thematik von Zucker als Droge bewusst. Ich las damals viel darüber, interessierte mich für Expertenmeinungen und sah mir immer wieder das Kultvideo „Sugar. The Bitter Truth" des amerikanischen Arztes Robert H. Lustig auf Youtube an und hatte während meiner Indienreise einen Blogeintrag dazu verfasst:

„Chennai/Indien – Ich muss es fast schon schreien und mit gespielter Miene ganz ernst dreinblicken: Sonst wird meine Bitte, dass ich keinen Zucker in den bestellten Getränken, Speisen etc. möchte, nicht wirklich ernst genommen. Diabetes ist die zweithäufigste Todesursache in Indien. Nach Herzversagen. Laut einer Studie betrifft dies angeblich jeden fünften Bewohner Indiens.

Zwar ist die typische und ursprüngliche indische Küche sehr gesund, doch zugleich auch durch viele Kohlenhydrate geprägt: Kartoffeln, Reis und Naan-Brot sind wesentliche Bestandteile. Dies wird mit Gemüse kombiniert, in den reicheren Gegenden auch schon einmal mit Fisch, Huhn und Fleisch, die sich unter die Gerichte auf der Karte oder ins Curry mischen.

Doch es ist (fast) unmöglich, etwas ohne (zusätzlichen) Zucker zu bekommen. In jedem (frischen!) Lassi bleibt fast der Löffel stecken. Kaffee und Tee schmecken wie Zuckerwasser. Süßigkeiten gibt es an jeder Ecke. Bunt verpackt, das mögen die Inder. All dieses Zuckerwerk zählt fast schon zu den Grundnahrungsmitteln. Konzerne wie Unilever und Nestlé erfreuen sich guter Umsätze. Ernährungstechnische Aufklärung gibt es nicht, somit wird auch durch Unwissenheit derartig viel Zucker konsumiert.

Erst gestern hat mich eine TV-Werbung sehr irritiert: Eine junge Frau wird durch eine Schokolademilch aus ihrer Yogastunde herausgelockt. Die Bilder meinten beschwörend, dass statt körperlicher Bewegung und Klarheit im Kopf eine kalorienreiche, magenverklebende Schokomilch zu bevorzugen sei.

Die Zeiten, in denen man an Indien dachte und nur Bilder von spindeldürren Kindern vor dem inneren Auge sah, sind vorbei – obwohl es Hunger in diesem Land leider weiterhin noch gibt. Was mittlerweile aber immer häufiger auftritt, sind Menschen mit Zuckerschock, der leider viel zu viele nicht abschreckt, sondern zu Tode streckt."

Mit meinen gesammelten alten und neuen Erkenntnissen gab ich mir nach dem Erwachen an meinem Geburtstag ein Versprechen: Ich wollte von nun an auf raffinierten Zucker verzichten. Das bedeutete: keine Kekse, keine Torten, keinen Kuchen, keine Schokolade, keinen Pudding, kein gesüßtes Joghurt mehr. Eine Freundin, die sich selbst als zuckersüchtig outete und diesen Schritt kurz zuvor erfolgreich vollzogen hatte, unterstützte mein Vorhaben und sprach mir Mut zu. So trivial diese Entscheidung klingen mag: Keinen Zucker mehr zu sich zu nehmen kostet einiges an Kraft. Ehrlich! Es fehlt plötzlich ein kurzfristig verfügbarer Energieschub. Industrieller Zucker wirkt sich äußerst schnell auf den Blutzuckerspiegel aus und gibt scheinbar Kraft und Wohlgefühl. Auch das Bedürfnis nach wirklich nährenden Lebensmitteln wird durch Zucker gestillt. So ist das auch von der Lebensmittelindustrie gewollt. Zwar erklärt sie in der Werbung zum Verzehr eines Schokoriegels „... und der Hunger ist weg", aber das kann doch nicht sein, oder? Da werde ich zur Diva!

Und als Diva will ich nur das Beste für mich. Ich will selbst über mein Leben bestimmen. Die Lebensmittelindustrie mit ihren Labors, in denen geforscht wird, wie die Schokolade auf der Zunge am besten zerfließt, damit ich nicht nur ein Stück, sondern die ganze Tafel verschlinge, sollte keine Kontrolle mehr über mich haben.

Zur Unterstützung für diese Entscheidung schaltete ich auf den Dissoziationsmodus um: Ich stellte mir alles im Detail und ganz bildlich vor: Wie ich aus meiner langjährigen Zuckerabhängigkeit hinaustreten und mich keine Backwaren mehr verführen würden. Wie ich selbstbestimmt meine Wahl treffen würde, was gut für mich und meinen Körper ist. Kurz gesagt: Ich wurde in Gedanken zur zuckerfreien Heldin meines eigenen Lebensfilms!

Deshalb wollte ich mir diese grundlegende Lebensumstellung möglichst leicht machen und – ja, genau! – vollzog meinen Entzug auf einer Reise. Mit mir allein und in einigen hübschen Hotels in der Schweiz und in Südtirol. Es war meinem Vorhaben sehr entgegenkommend, dass ich nicht meiner gewohnten Routine nachgehen konnte. Diese hatte nämlich in der Vergangenheit den einen oder anderen Cheesecake, Schokoladeriegel oder auch ein Fertigmüsli am Tag beinhaltet.

Das Ganze war eine echte Herausforderung und doch viel leichter, als ich es erwartet hatte. Dadurch, dass ich allein unterwegs war, konnte ich meinen Tagesablauf genau nach meinen Bedürfnissen gestalten. Statt Zucker als Energieschub zu mir zu nehmen, ruhte ich mich aus und glich so meine Erschöpfung aus. Auch meine Gereiztheit durfte Platz haben. Wahnsinn, ich war selbst überrascht, wie schlecht gelaunt ich inmitten dieser prachtvollen Gegend sein konnte. Nur weil ich keinen Zucker zu mir nahm! Der Entzug dauerte eine ganze Woche, eine gefühlte Ewigkeit!

Hätte ich eine Reisebegleitung an meiner Seite gehabt: der oder die Arme! Die Stimmungsschwankungen hielten mich auf Trab, auch dieses nervöse, unruhige Gefühl, wenn ich nachmittags meinen bisher gewohnten Zuckerschub nicht bekam. Nach sieben Tagen war das Gröbste vorbei, erstmals kehrte wieder innerliche Ruhe ein. Ich hatte mich an meine neuen Verhaltensweisen gewöhnt.

Kein Zucker gelangt seither mehr in meinen Kaffee. Kein Kuchen, keine Torte, keine Schokolade, kein Löffel Zucker trüben mein neu erlangtes Glück. Statt einem Dessert wähle ich nach dem Essen im Restaurant eine Käseplatte oder einen Espresso. Meine neue Welt der Süßigkeiten besteht aus reinem Obst. Und wenn ich einen schnellen Energieschub brauche, habe ich immer ein paar Nüsse bei mir. Ich wurde zu meinem Geburtstag 2013 auf Reisen zu einer Frau, die frei von Zuckersucht ist.

Ich hoffe, ich habe Ihnen mit diesen detaillierten Schilderungen Mut gemacht. Den Mut, den es braucht, damit wir daran glauben, Dinge verändern zu können. Auch solche, die sich schon ewig und drei Tage in unserem Leben breitgemacht haben. Als einfaches und überall anwendbares „Rezept“ haben Sie nun das Wissen über Ihre zwei Wahrnehmungsmodalitäten. Nutzen Sie sie, spielen Sie mit ihnen, probieren Sie sie aus: Baden Sie in Ihren Gefühlen, seien Sie ganz assoziiert, um im nächsten Moment wie ein Ihnen gut gesinnter Mensch auf sich selbst und Ihr Leben aus der Beobachterposition zu blicken, völlig dissoziiert. Seien Sie der Star in Ihrem eigenen Film, der Held Ihres Lebens und eines ganz sicherlich nicht: unveränderbar!

Das „Dinner for One“ als Highlight des Tages

„Man soll dem Leib etwas Gutes tun,
damit die Seele Lust hat, darin zu wohnen.“
(Winston Churchill)

„Was, du gehst allein Abend essen? Und findest das auch noch toll? Wie machst du das?“ Wie oft ich diese Frage an mich wohl schon gehört habe? Denn kaum ein anderer Aspekt meiner Reisen wird häufiger hinterfragt.

Die Vorstellung, allein Abend essen gehen zu müssen, löst bei vielen ein negatives Gefühl aus. Einsamkeit wird als Hauptproblem genannt. Oder sich wie ein Restposten im Ausverkauf zu fühlen: am Rande der Gesellschaft. Oder wie am Pranger zu stehen: von allen begutachtet und zur Schau gestellt. Sich wie aussätzig und in Quarantäne zu fühlen, ist noch eine weitere Steigerungsstufe am Barometer der Ängste vor einem alleinigen Restaurantbesuch.

Meine Schwiegermutter „in spe“ hat versucht, mir im Alter von 20 Jahren einen negativen Glaubenssatz zu implementieren. Als ich ihr erzählte, dass ich soeben in der örtlichen Pizzeria zu Mittag gegessen hätte, sah sie mich mit zutiefst empörtem Blick an und meinte: „Das kannst du nicht machen. Als Frau. Wie sieht das aus?“ Ja, wie sieht das bloß aus? Wie eine Frau, die eine Pizza vor sich und niemanden gegenüber am Tisch hat, dachte ich mir damals schon. Heute genieße ich es umso mehr, einem veralteten Weltbild immer wieder Paroli zu bieten.

Die gesellschaftlichen Veränderungen der vergangenen Jahrzehnte ließen auch die Anzahl der Geschäftsreisen stark ansteigen. Bei Männern, und natürlich auch bei Frauen. Ich kenne viele, die souverän durch die Welt jetten, Termine in Asien, Moskau und Frankfurt am Main absolvieren, am Abend jedoch das Dinner am liebsten am Hotelzimmer einnehmen. Die Angst vor Einsamkeit wäre in diesen Stunden sonst zu groß, so der einstimmige Tenor.

Alle jene möchte ich ebenfalls herauslocken aus ihren zumeist standardisiert eintönigen Business-Hotelzimmern. Auch wenn tagsüber das Geschäft und diverse Meetings im Vordergrund standen, der Abend soll Ihnen gehören und Sie für jegliche Arbeitsmühen belohnen. Meine Tipps dazu gelten natürlich für jede Reise mit sich allein!

Genießen Sie jedes Dinner als Highlight des Reisetages! Niemand zwingt Sie zu einem Pflichtprogramm, sondern Sie können sich lustvoll der Restaurantauswahl hingeben – ganz nach Ihren Bedürfnissen und persönlichen Vorlieben. Das Vorurteil, dass man als Einzelperson mit dem Katzentisch, also nahe der Toilette in Restaurants, vorlieb nehmen muss, hat sich bei mir nie bestätigt. Aber natürlich kann es auch zu negativen Erfahrungen kommen. Ich selbst verfüge nur über eine einzige, und diese könnte ich wie gute Marmelade auch als hausgemacht bezeichnen. In einem Ferienclub an einem österreichischen See erlebte ich statt einem weiteren geplanten Highlight meinen Tiefpunkt des Erlebnisportfolios zum Thema „allein Abend essen". Doch auch dies wäre bei genauerer Betrachtung vorhersehbar und somit auch vermeidbar gewesen.

Allein die Tatsache, dass zwischen Gästen und Personal ein verbindliches Du-Wort herrschte, war dem Aspekt des bevorzugt allein eingenommenen Abendessens schon abträglich; neben all der sportlich-verbrüdernden Aktivitäten, die das Tagesprogramm des Clubs für seine Stammgäste auszeichnete. Kein Wunder also, dass sich der Monolog des Restaurantleiters als Reaktion auf meine Bitte nach einem Tisch für mich allein folgendermaßen gestaltete: „ Du willst allein Abend essen? Das gibt es nicht bei uns." Dann schaute er mich fragend und überfordert an: „Ja, was machen wir denn nun mit dir?" Sein kreativer Lösungsvorschlag für mich: „Der Kindertisch wäre noch frei!"

Glauben Sie mir, in diesem Moment habe sogar ich mich einsam und an den Rand gedrängt gefühlt. Aber nur ganz kurz, dann kam mein auf Reisen erworbenes Selbstvertrauen zurück und die Antwort war klar: „ Ich sehe draußen auf der Terrasse noch ungedeckte Tische. Würden Sie bitte einen davon für mich herrichten lassen? Danke!" Dies war jedoch mein einziges negatives Erlebnis. Der Blick auf einen der schönsten Seen Kärntens entschädigte mich für die vorherigen Unannehmlichkeiten. Die Blicke der anderen Clubgäste ließen mich aber keine Sekunde vergessen, dass mein Vorgehen ungewöhnlich und aufsehenerregend war. Sich selbst im Mittelpunkt des allgemeinen Interesses zu erleben, trainiert die Gabe zur selbstbestimmten inneren Ruhe immens.

Genau diese innere Ruhe ist es, die viele Alleinreisende für sich suchen. Roland Ballner, ein bekannter österreichischer Hotelbesitzer, pflegt in seinem Boutiquehotel „Cortisen“ am Wolfgangsee die „No Kids-Philosophie“. Als er diese kinderfreie Zone kundtat, brachte das zwar ein medial gespaltenes Echo hervor, rief aber zugleich eine große Urlauberschar herbei. Roland Ballners Angebot in exklusivem Ambiente: Zeit für sich selbst an einem wunderschönen Platz in St. Wolfgang im Salzkammergut.

Bei seinen allein reisenden Gästen hat der Hotelbesitzer durchwegs festgestellt, dass diese Zeit mit sich selbst wertgeschätzt und zelebriert wird. Allein reisende Gäste geben auch gern mehr Geld aus. Die Auswahl an Kulinarik, erlesenen Weinen und der dazu passenden Zigarren-Lounge im Cortisen ergänzen deshalb diese Verwöhnoase des Rückzugs. Der Besitzer dürfte damit genau richtig liegen: Auch Stammgäste, die in Partnerschaften leben, kommen immer öfter auch allein für ein paar Tage zur Erholung ins Cortisen.

Der Hoteldirektor sieht das Allein-Unterwegs-Sein ebenfalls als einen wohltuenden Ausgleich zum Trubel und der Arbeitsintensität unter der Saison. Anfang des Jahres zieht es ihn zumeist für einige Wochen mit dem Motorrad quer durch Südamerika. Unbefestigte Straßen inmitten fast unberührter Natur und wunderschöne Ausblicke zwischendurch bringen ihm wohltuende Ruhe. Seine Zwischenstopps wählt er wie seine allein reisenden Hotelgäste mit Bedacht und dem Augenmerk auf Exklusivität. Als er völlig verdreckt und nach zwölf Stunden am Motorrad in der vorab gebuchten Luxus-Lodge ankam, wollte man ihn nicht einlassen. Man traute ihm nicht zu, dass er sich diese Unterkunft leisten könnte. Nach dem unwegsamen Gelände und den unzähligen Schlaglöchern tagsüber war die nachfolgende Überzeugungsarbeit für ihn die größte Hürde an diesem Tag. Frisch geduscht und neu gekleidet genoss er danach abends sein Fünf-Gänge-Dinner im gediegenen Ambiente und mit Champagner und edlem Wein doppelt so sehr!

Ich verrate Ihnen nun gern die besten Zutaten für ein geglücktes „Dinner for One".

Gönnen Sie sich das Beste! Damit sind nicht nur die Ingredienzien der Speisen auf Ihrem Teller gemeint, sondern auch die Wahl des Ortes, den Sie für Ihre Abendstunden wählen. Ein schöner Ausblick, ansprechendes Ambiente und Düfte, die den Gusto auf das bevorstehende Dinner untermalen. Das alles tut dem eigenen Wohlbefinden herrlich gut. Sollten Sie sich beim Finden des geeigneten Restaurants schwertun, kein Grund zur Sorge: Überall auf der Welt gibt es hilfsbereite Menschen, die sich freuen, Ihnen mit Rat und Tat zur Seite zu stehen. Auf beruflichen Reisen lohnt es sich aufgrund der oftmaligen Zeitknappheit, an der Hotelrezeption nach kulinarisch interessanten Adressen in der Umgebung zu fragen und gleich den besten Tisch reservieren zu lassen. Diverse Internetplattformen sind ebenfalls voll mit persönlich ausprobierten Restaurants der User. Vielleicht bedarf es einer kleinen Recherche, doch Sie sind ja auf Urlaub! Zeit ist ein Faktor, der dehnbar ist und zum Auskosten jeder Sekunde einlädt.

Dazu zählt es, die Seele baumeln zu lassen und neue Orte zu erkunden. Sei es, dass sie durch die Gassen einer Stadt schlendern oder ihren Weg übers Land zurücklegen: Halten Sie die Augen offen! Wo würden Sie sich gern am

Abend niederlassen? Welcher Ausblick ist außergewöhnlich schön? In welchem malerischen Innenhof fühlen Sie sich besonders geborgen? Welche vor dem Restaurant angebrachte Speisekarte hat Ihren Gusto am meisten geweckt? Wenn Sie möchten, kann es Ihr Tagesplan sein, einen Plan für den Abend zu schmieden.

Wohltuende Hilfsmittel sind erlaubt! Dazu zählt etwa das Mitnehmen eines Buches zu Ihrem „Dinner for One". Oder Sie stecken sich ein Notizbuch ein, das Sie in Ihnen zu bangen und langen Minuten während des Abendessens zücken können. Vielleicht sind es Notizen über den Tag und die Reise, die Ihnen die Zeit und ein etwaiges flaues Gefühl der Einsamkeit vertreiben. Am besten halten Sie jedoch in diesen Momenten all jene Erlebnisse und Bereicherungen fest, die Sie selbst und Ihre Persönlichkeit seit Anbeginn der Reise gestärkt haben. Und schon finden sich beispielsweise Zeilen über die geglückte Tagesgestaltung inklusive dem lehrreichen und eindrucksvollen Museumsbesuch auf den Seiten. Oder welches Gefühl es für Sie war, zum ersten Mal allein ein Restaurant im Ausland zu betreten. Und wie freundlich Sie der Ober in Empfang genommen und zum Tisch geleitet hat. Mindestens zehn Zentimeter größer fühlten Sie sich in diesem Moment! Und manche werden diese Zeit nutzen, um Ideen für Mitbringsel für ihre Lieben daheim zu notieren. So dienlich die Mitnahme eines Buches auch ist, sehen Sie es als Krücke und nicht als Hilfsmittel, das Sie immer und überall für Ihr „Dinner for One" benötigen. Legen Sie es immer öfter einmal zur Seite. Lassen Sie es vorerst in der Tasche und legen Sie es nicht sofort auf den Tisch. Vielleicht benötigen Sie es ja beim zweiten, dritten Abendessen allein gar nicht mehr.

Und dann kommt der Moment, in dem Sie Ihr Alleinsein verteidigen! Wie einen liebgewonnenen Freund. Jemanden, mit dem man ungestört sein möchte. Ja, so weit haben Sie es bereits geschafft! Jemand möchte sich an Ihren Tisch setzen. Und Sie stellen fest: Danach steht Ihnen gar nicht der Sinn. Dazu genießen Sie Ihr Highlight des Tages mit sich selbst mittlerweile viel zu sehr. Doch wie damit umgehen? Natürlich würde der alte „Es kommt noch jemand“-Trick funktionieren. Oder Sie antworten auf die Frage: „Ist hier noch frei?“ mit einem etwas rüderem „Ja, aber da drüben auch“.

Sie sind vom Meistern der unterschiedlichen Anforderungen des Allein-auf-Reisen-Seins schon innerlich gestärkt. Ihre Durchsetzungsstärke ist in den vergangenen Reisetagen etwa beim alleinigen Match um das letzte freie Hotelzimmer und der komplizierten Flugumbuchung so ungemein gewachsen, dass es Ihnen nun ganz leicht fällt, zu sich selbst zu stehen. Mit einem Lächeln auf den Lippen, charmant in der Wortwahl, doch mit der Entschlusskraft eines Bären formulieren Sie die Worte: „Vielen Dank für Ihre Frage, ich möchte jedoch allein zu Abend essen.“ Da soll noch jemand sagen, es falle Frauen und auch manchen Männern schwer, Unterstützung zu verweigern oder Nein zu sagen. Es ist nämlich ganz anders: Dieses Nein zu anderen ist ein Ja zu sich selbst!

Schließen Sie mit dem Abend Freundschaft! Die Hitze des Abends flaut ab, graue Regenwolken am Himmel werden unsichtbar und der Tag verliert mit seinen schwindenden Stunden an Gewicht. Sehen Sie das Abendessen als würdiges und würdevoll eingenommenes Vorspiel für eventuelle weitere Entdeckungsreisen und erfreuliche Erlebnisse wie ins Kino gehen, in der Hotelbar sitzen, durch den Ort schlendern und sich am abendlichen Corso beteiligen.

Dafür ist ein gepflegtes und gelungenes Dinner die beste Unterlage, ein Stimmungsmacher fürs weitere Abendprogramm. Locker-leichte Unterhaltung ist dafür eine hilfreiche Zutat. Dies gelingt auch mit sich selbst.

Noch besser: Niemand und schon gar kein miesmachender Reisepartner kann Ihnen Ihre gute Stimmung und die herrlichen Gedankenspielereien nehmen. Wer sind die Ihnen beiwohnenden Gäste an den anderen Tischen? Wer ist mit wem hier? Und ist das Pärchen am Nebentisch verheiratet und wenn ja: gar miteinander? In solchen Momenten wird schnell bewusst: Sie sind zwar allein hier, doch keinesfalls einsam. Dazu umringt Sie viel zu viel Leben. Auch wenn es das Leben der anderen ist, Sie sind ein Teil davon. Und mit sich selbst in bester Gesellschaft.

Oftmals ergibt sich bei meinen diversen alleinigen Dinner-Genüssen ein interessantes und herzliches Gespräch mit dem Servicepersonal. Vielerorts schlägt mir keine Verachtung, sondern Bewunderung entgegen, wenn ich um einen Tisch für mich bitte und die Frage, ob noch jemand nachkommt, verneine. Selbstbewusste Menschen wirken anziehend. Gönnen Sie sich diese magnetische Wirkung und fesseln Sie Ihren Kellner mit Fragen zu den Gerichten. Ich stelle zumeist fest, dass mein Interesse an der Zubereitung der Speisen und an den persönlichen Empfehlungen des Kellners nicht unbelohnt bleibt. Vor einigen Monaten aß ich in Prag auf dem entzückenden kleinen Hausboot-Restaurant Matylda an der Moldau zu Abend. Das Servicepersonal überschlug sich vor Engagement. Zum Schluss waren drei Kellner in einer unaufdringlichen und angenehm umsorgenden Art und Weise um mich bemüht. So sehr hatte es ihnen Freude bereitet, wahrgenommen zu werden und ein Feedback zu den diversen Speisen zu bekommen. Mein glückseliges Lächeln zwischendurch war Dank genug.

Ihr kurzer Weg zu sich selbst

- Bei einer Reise mit sich selbst können Sie zu 100 Prozent Ihren Lifestyle leben!
- Machen Sie nur Dinge, die Sie wirklich mögen. Gönnen Sie sich das Beste!
- Überlegen Sie sich, welche schlechten Gewohnheiten Sie nicht mehr mit nachhause nehmen möchten!
- Rücken Sie diesen schlechten Gewohnheiten mit Leichtigkeit zu Leibe. Sie müssen nicht mehr mit Ihnen heimkehren!
- Überlegen Sie, woher und vom wem Sie in Ihrem Leben Bestätigung erhalten!
- Im Wort Bestätigung steckt das Wort Tätigkeit: Seien Sie also stetig tätig!
- Geben Sie sich selbst die Bestätigung, die Sie brauchen, und gehen Sie herzlich auf andere zu!
- Stellen Sie sich vor, Sie treffen sich selbst zu einem Rendezvous: Das „Dinner for One“ wird so zum krönenden Highlight des Tages!
- Seien Sie sich selbst die beste Tischdame oder der beste Tischherr!
- Teilen Sie die schönsten Erlebnisse des Tages mit sich selbst: Schreiben Sie sie in Ihr Reisetagebuch!

Kapitel 9

SELBSTBEWUSSTSEIN: IN KONTAKT KOMMEN, MIT ANDEREN UND MIT SICH SELBST

Hürden auf dem Weg, schwarze Löcher und Seelenblues

„Es ist unglaublich, wie viel Kraft
die Seele dem Körper zu leihen vermag.“
(Wilhelm von Humboldt)

Es ist Mitternacht und in meinem Inneren fühlt es sich ebenfalls sehr dunkel an. Mein Herz ist schwer, und ich weiß in diesem Moment, dass mir eine Einheit an Seelenblues bevorsteht. Ich trete ans Fenster. Das Mondlicht scheint auf die Mauern des Hotels, in das ich mich zurückgezogen habe. Der innere Schmerz zieht mir langsam und beharrlich den

Magen zusammen, und ich spüre den inneren Druck, den mir dies verursacht.

Ich habe während des Schreibens dieses Buches Seelenschmerzen erlebt: Ein guter Freund von mir ist verstorben. Zuvor waren wir noch auf einen gemeinsamen Kaffee. Ich mochte an ihm, dass er so wie ich gern und viel allein gereist ist. Deshalb war es sehr unkompliziert, sich miteinander an den unterschiedlichsten Orten auf dieser Welt zu verabreden. Aber als wir uns mit den Worten „Bis dann, wir sehen einander bald!" verabschiedeten, wusste ich, dass dieses nächste angedachte Treffen nicht stattfinden wird. Das habe ich tief in meiner Seele gespürt.

Kennen Sie ebenfalls solche Momente, in denen Ihnen Ihr Innerstes, Ihre Seelenweisheit, die Wahrheit offenbart? Diese Augenblicke können sehr herausfordernd sein. Wir sind es gewohnt, vieles in unserem Leben unter Kontrolle zu haben. Eine Vielzahl an digitalen Hilfsmitteln unterstützen uns dabei, einen Großteil davon mit ein paar Befehlen zu kontrollieren. Aber wie steht es mit dem Leben an sich? Wenn das Leben uns zeigt, dass wir annehmen müssen, was ist. Wenn wir damit umgehen müssen, was es für uns bereithält: Das kann uns blockieren oder manchmal sogar verzweifeln lassen. Oder es erleichtert und befreit uns, weil Dinge ihr bereits vorausgeahntes Ende finden. Es ist dieses eigenartige Gefühl, dieses Bauchgefühl, das uns etwas aufzeigt. Diese Vorahnung, die uns im Nachhinein sagen lässt: „Hab ich's doch gewusst!" Das sind die Augenblicke, in denen sich unsere Seele meldet, sie gibt uns Zeichen und auch zu verstehen, dass wir Zugang zu einem unendlichen Wissen haben.

Haben Sie manchmal Angst, sich Ihren Gefühlen, Sorgen und Verlustängsten zu stellen? Wollen Sie in solchen Augenblicken, den sogenannten schwarzen Löchern, ausweichen und vor sich selbst zurückweichen? Man kann sich heutzutage leicht ablenken und negative Gefühle verdrängen. Aber die Wahrheit ist: Wir machen damit unsere Weiterentwicklung unmöglich und sind zugleich wegen dieses selbst hervorgerufenen Stillstandes todunglücklich. Jene, die bereits mit ihrer Seele in Kontakt gekommen sind, wissen: Es ist besser, sich den Herausforderungen des Lebens zu stellen. Nur dadurch kommen wir auf unserem Lebensweg einen Schritt weiter. Für die meisten Menschen sind solche Stunden des Schmerzes und der Traurigkeit schwer. Doch niemand von uns ist davor sicher. Egal, ob alt oder jung, dick oder dünn, reich oder arm, Mann oder Frau: Solche Seelenschmerzen schauen bei allen einmal vorbei. Haben Sie selbst Seelenschmerzen in Ihrem Leben bereits gut gemeistert? Wie sind Sie dabei vorgegangen, was hat Ihnen gutgetan? Wie haben Sie diese Situationen für sich gelöst, wie sich selbst erlöst?

Ich löse am liebsten meine Probleme auf Reisen mit mir allein. Einerseits „beschmutze ich nicht mein Nest", also meinen Alltag und meinen heimatlichen Lebensbereich mit negativen Gefühlen. Andererseits gibt mir dies auch die Möglichkeit, meine Herausforderungen aus einer Distanz zu sehen und ich kann mich meinen Problemen in meinem natürlichen zeitlichen Rhythmus stellen. Manchmal dauert so eine Phase ein, zwei Tage lang, ein andermal fühle ich bereits nach ein paar Stunden Erleichterung. Dann weiß ich, dass ich durch die Nebelschleier meiner Seelenschmerzen hindurchgewandert bin.

Ich denke, dass wir auf Reisen mit uns selbst wunderbar lernen können, unserer inneren Stimme besser zuzuhören. Wir sind in keinen Dialog mit anderen verwickelt, sondern können uns zu hundert Prozent auf den inneren Dialog mit uns selbst einlassen. Nicht immer machen uns die Botschaften unserer inneren Stimme glücklich. Aber sie nicht wahrzunehmen und ihr nicht zuzuhören, verhindert unsere Weiterentwicklung und somit unsere Selbstverwirklichung.

Unser Reise- und Lebensziel sollte es sein, unseren Seelenplan zu realisieren.

Hören Sie sich selbst bereits gut zu? Denn zuhören können ist eine Kunst! Ein guter und interessierter Zuhörer zu sein ist nichts, was sich von selbst versteht. Zuhören passiert nicht passiv, es ist äußerste Aktivität. Zwei Aspekte sind dafür wichtig: Man muss gelassen sein und sich gut auf andere einlassen können.

Gelassenheit war bereits bei den weisen Griechen und klugen Römern eine hohe Tugend. Nicht nur, dass sie den Hörenden anhält, den anderen „sein zu lassen", ihm Zeit einzuräumen und Ruhe zu gönnen, damit er ausreden kann, was er angesprochen hat. Für unsere innere Gelassenheit ist auch die Fähigkeit nötig, zeitweilig von eigenen Wünschen, Gedanken und Vorstellungen Abstand zu nehmen, zu sich selbst auf Distanz zu gehen. Jedenfalls solange wir Zuhörende sind. Zuhören heißt nämlich, ganz klar und „beim anderen" zu sein.

Und wie steht es bei Ihnen mit dem Einlassen? In diesem Wort steckt das Tätigkeitswort „einlassen". Wir lassen andere, im bildlichen Sinne, zu uns herein, wenn wir ihnen zuhören. Und im umgekehrten Fall, wenn wir einen guten Zuhörer gefunden haben, dann ist uns dieser nah und „bei uns" und ist doch zugleich ein anderer.

Wenn Sie allein mit sich auf Reisen sind, haben Sie die einzigartige Chance, sich selbst zuzuhören. Sie können dem Menschen zuhören, der Ihnen am nächsten ist. Das ist der Mensch, mit dem sie 24 Stunden an sieben Tagen die Woche verbringen, ihr Leben lang. Auf diesen allein unternommenen Reisen haben Sie keinen durch andere ausgelösten Zeitdruck. Sie können in einer gelassenen Stimmung auf sich selbst und Ihre innere Stimme hören. Dieses Einlassen auf ein Zwiegespräch mit sich selbst und Ihre innere Stimme schenkt Ihnen den Zugang zu Ihrer inneren Weisheit. Genau diese innere Weisheit wird auch als die führende Kraft unseres Lebens- und Seelenplans angesehen. Der Brasilianer Paulo Coelho schreibt Buch um Buch über die Weisheit unserer Seele. Seine Werke sind Bestseller, und Suchende auf aller Welt lieben seine aufgezeigten Wege zur inneren Weisheit.

Der moderne Pilger macht sich nicht mehr auf den Weg, um Gott um Vergebung zu bitten. Er macht sich auf den Weg, um sich selbst und seinen Weg im Leben zu finden. Auf solchen Reisewegen werden aktiv Lebenskrisen verarbeitet, Probleme überdacht, oder es wird der Ausstieg aus dem anstrengenden Alltag zelebriert. Anstelle von klassischen religiösen Motiven überwiegt bei vielen Alleinreisenden die Suche nach dem eigenen Ich und dem Weg zur geistigen Öffnung.

Seien Sie doch Ihr eigener Paulo Coelho: Seien Sie Ihr eigener Seelenführer auf dem Weg zu Ihrer inneren Weisheit! Sich auf andere und sich selbst einzulassen, ist eine wahre Königsdisziplin am Weg Ihrer Weiterentwicklung. Beschreiten Sie diesen Weg doch wahrhaft königlich mit einer krönenden Reise zu sich selbst!

Sich selbst erfahren und bereisen

„Erfahrung ist nicht das, was einem zustößt.
Erfahrung ist das, was man aus dem macht,
was einem zustößt."
(Aldous Huxley)

Ich sitze nach dem Frühstück bei einer weiteren Tasse Kaffee im schönen Boutiquehotel Cortisen in St. Wolfgang und genieße den Blick auf das Wasser. Der Wolfgangsee liegt ruhig und einladend vor mir. Wenn ich mich an einen Ort begeben möchte, um meine eigenen Erfahrungen zu überdenken, wähle ich gern eine Unterkunft an einem See oder am Meer. Die meditative Stimmung, die Wasser in unserem Bewusstsein auslöst, passt gut zu dem meditativen Vorgang in mir, wenn ich schreibe.

Die Feder gleitet leicht über das Papier. Seit meiner Jugend verbinde ich mit edlen Schreibgeräten das Niederschreiben von Gedanken und mir wichtigen Angelegenheiten. Meine Füllfeder ist bei jeder Reise mit im Gepäck und zumeist bereits am frühen Morgen mein Hilfsmittel, um mir Klarheit über meine Erfahrungen zu verschaffen. Fernab von meinem Alltag verhalte ich mich meinen eigenen Gedanken gegenüber offener, ich bin mir selbst während dieser Reisezeiten mein bester Weggefährte und höre mir selbst gut zu. Seit ein paar Jahren wähle ich dafür gern das meditative Schreiben. Es ist für mich eine sehr erkenntnisreiche Form der Selbstreflexion: einfach in der Handhabung, vielfältig in der Wirkung!

Haben Sie diesen hilfreichen Bewusstwerdungsprozess des täglichen Schreibens schon einmal ausprobiert? Ich mag diese Zeit, die ich mir dafür auf meinen Reisen mit mir selbst gönne und möchte Ihnen diese Vorgehensweise gern ans Herz legen! Die Umsetzung ist leicht: Schreiben Sie möglichst morgens und mindestens drei Seiten. Auch die Technik ist einfach: Kaufen Sie sich einen DIN A4-Block oder ein Schreibheft und schreiben Sie auf, was Ihnen in den Sinn kommt. Bitte sehen Sie das Geschriebene nicht als Tagebuch an. Diese Seiten und Zeilen sollen Ihnen vielmehr dazu dienen, sich über sich und über Ihre Lebenserfahrungen bewusst zu werden.

Oftmals gibt es ein grundlegendes Hauptthema, es kann aber auch sein, dass Sie viele unterschiedliche Themen beschäftigen. Manchmal rotieren sie wie Endlosschleifen in unserem Kopf. Wissenschafter haben festgestellt, dass uns 60.000 bis 80.000 Gedanken am Tag durch den Kopf gehen. Stellen Sie sich vor: Von diesen zigtausend Gedanken sind erschreckende 70 bis 80 Prozent Wiederholungen! Wollen Sie wirklich so einen großen Prozentsatz an altem Gedankengut immer wieder wiederholen? Und vor allem: Wollen Sie wirklich immer wieder bei längst gemachten Erfahrungen hängenbleiben? Viel besser ist es doch, sie konstruktiv zu verwerten und dadurch gestärkt weiter auf dem eigenen Lebensweg zu gehen.

Indem Sie die Endlosschleifen Ihrer Gedanken zu Papier bringen, werden Sie sie am besten los. Und auf diesem Weg werden Sie auch erfahren, was Sie wirklich denken. Es ist wie eine Art innerer Jakobsweg, eine Lebensbeichte in unserem Inneren. Eine Reise ohne Wanderschuhe, aber mit Papier und Stift, also eine „Gesprächstherapie" mit sich selbst.

Schreiben ist ein intensiver Bewusstwerdungsprozess. Unsere Erfahrungen niederzuschreiben macht uns reicher. Wir können erkennen, was wir bereits erfahren haben und wie und warum uns diese Erfahrungen innerlich bereichert haben. Dieses Schreiben am Morgen ist wie ein Stoffwechselprozess, der eine Reinigung des Denkens zufolge hat. In Krisenzeiten lohnt es sich, viel zu schreiben. Nehmen Sie sich dafür am besten extra viel Zeit. Betrachten Sie Ihr Privatleben oder die Probleme, die Sie in Ihrem Berufsleben belasten, in Wort und Schrift. Oftmals wissen wir vor dem Schreiben nicht, was uns quält. Nach dem Schreiben wissen Sie es. Das Schreiben verändert etwas, es verändert den Zustand in uns. Sollten Sie das Gefühl haben, dass in Ihrem Leben etwas quer läuft, werden Sie nach dem Schreiben große Erleichterung fühlen: Denn durch das Schreiben begradigen Sie Ihren Weg!

Eines ist dabei wichtig: Zeigen Sie diese Seiten niemandem! Diese Seiten sind nur für Sie bestimmt, sie sollen auch nicht gefunden werden. Denn nur wenn wir absolut sicher sind, dass unsere Privatsphäre nicht verletzt wird, erlauben wir uns, wirklich alles aufzuschreiben. Nur dann sind wir wirklich ehrlich zu uns selbst und mit uns selbst. Seien Sie sich selbst der beste Weggefährte und lassen Sie diese Seiten zu Ihren Vertrauten werden!

Sich selbst und Ihren inneren Erfahrungsschätzen können Sie auch auf echten Wegen näher kommen: Setzen Sie sich in Bewegung! Machen Sie den ersten Schritt in ein neues Leben! Achten Sie darauf, in welche Richtung Sie losmarschieren. Aber wenn Sie Ihr Ziel im Auge haben, gehen Sie zügig los!

Wandern kann eine der besten Abwechslungen zu den alltäglich überfüllten U-Bahnen oder dichten Wohngebieten sein, und jede Bewegung tut der Seele gut. Das Wandern ist eine Grundform menschlicher Bewegung: Schon die großen Philosophen sind während ihrer Denkprozesse umhergegangen, um zu erkennen. Diese körperliche Belastung ist somit sinnvoll. Wir können in Zeiten des Umherwanderns grundlegend Bedeutendes aus unserem Innenleben in den gedanklichen Mittelpunkt rücken. Deshalb hat diese Bewegungsform auch einen positiven Einfluss auf niedergeschlagene, leicht depressive Menschen. Wandern ist auch ein Kontrast zur großen Falle der Zeitbeschleunigung. Wenn wir uns Schritt für Schritt auf unserem Lebensweg fortbewegen, bedeutet das, mit einer Geschwindigkeit anzukommen, die man sonst im Alltag kaum mehr hat. Zu Fuß in Bewegung zu sein ist eines der schönsten Hilfsmittel, um bei sich selbst anzukommen!

Ich selbst wandere auch gern durch Städte. Ich mag es, mir zu überlegen, was hinter der nächsten Straßenecke auf mich warten könnte. Schaufenster am Wegesrand können zu inspirierenden Gedankengängen anregen. Manchmal gehe ich schnell, weil ich ganz genau weiß, was und wo mein Ziel ist. Ein andermal schlendere ich in Gedanken versunken und entspannt durch enge Gassen und über weite Plätze und spüre einfach nur, welche Gefühle das in mir auslöst.

Welche Fragen könnten Sie sich selbst in solchen Momenten stellen? Ich nenne Ihnen einige von meinen liebsten: Fühlen Sie sich in sich selbst geborgen? Mögen Sie das, was Sie in Ihrem Leben sehen? Wie fühlt es sich an, einfach nur zu sein, keinen Plan zu haben? Also einfach nicht zu wissen, welches Ziel auf Sie wartet. Können Sie sich fallen lassen? Tief hinein in den Fluss der Zeit und des Weges. Schaffen Sie es, Kontrolle abzugeben und sich der Wegführung zu fügen? Wann ist es besser, loszulassen? Wann sollten wir wieder den roten Faden unseres Lebens aufnehmen und diesem wie einem Plan folgen?

So einfach manches davon klingen mag: Diese Fragen können tiefgreifende und Ihr Leben verändernde Antworten in Ihnen zutage bringen.

Viele denken, dass man mit dem Alter, also Jahr für Jahr, ganz selbstverständlich weiser wird. Dabei benötigt dieser Prozess die emotionale Komponente des sich Kennenlernens und der Selbsterfahrung: Wer klug handelt, reist um die Welt und bereist dabei sich selbst. Denn man lernt mit dem Älterwerden immer besser, mit den eigenen Gefühlen umzugehen. Die Weiterführung dieser Fähigkeit zeigt sich im Austausch mit anderen: Wer bei sich selbst ein gutes Gefühlsmanagement geschaffen hat, ist weitaus klarer und einfühlsamer im Umgang mit anderen.

„Wer die Freundschaft aus dem Leben streicht, nimmt die Sonne aus der Welt“, schrieb der römische Philosoph Cicero vor über 2000 Jahren. Heute wie damals gilt: Wahre Freundschaften sind wertvoll. Sie steigern das persönliche Glück und die Lebenszufriedenheit. In Zeiten von Facebook und anderen sozialen Netzwerken sei jedoch gewarnt: Wer das mit echter Freundschaft verwechselt, hat selbst Schuld, wenn er in Notsituationen vergeblich auf Unterstützung hofft. Vieles bleibt an der Oberfläche, und solche Freundschaften erweisen sich in Krisensituationen als nicht tragfähig. Auch Geselligkeit ist noch keine Freundschaft.

Eine Freundschaft muss wachsen. Ein echter Freund nimmt an unserem Leben Anteil, widmet uns Zeit und setzt sich mit uns auseinander. Vorausgesetzt, man hat dieses Glück, sollte man sich darum bemühen, die Freundschaft auch zu erhalten. Sie braucht viel Pflege. Grundvoraussetzung ist, dass man sich aktiv darum kümmert.

Wie wäre es, wenn Sie sich selbst der beste Freund wären und sich aktiv um die Freundschaft kümmern? Eine Reise mit sich selbst und zu sich ist das größte Geschenk, das Sie sich selbst machen können. Bereisen Sie Ihre Gedanken, erleben Sie Ihre Gefühle und werden Sie selbst zum idealen (Reise-)Partner!

Zum idealen (Reise-)Partner werden

„Das Reisen führt uns zu uns zurück."
(Albert Camus)

Der Blick in den Spiegel zeigt mir ein Lächeln auf meinem Gesicht. Ich streiche mein „kleines Schwarzes" glatt. Es ist ein Kleid, das ich vor sieben Jahren gekauft hatte. Damals war ich schlank. Heute passt es mir noch immer. Befriedigt stelle ich fest, dass es sogar lockerer sitzt als damals. Die Vorfreude auf das vor mir liegende gediegene Dinner steigt! Ich setze mich an den Schreibtisch im edlen Badrutt's Palace

Hotel in St. Moritz, blicke aus dem Fenster auf den See und mache mir ein paar Notizen, wie sehr sich mein Wohlgefühl in mir und mit mir in den vergangenen Jahren verändert – verbessert – hat.

Als ich den Grund für diese bemerkenswerte positive Veränderung ausfindig mache, muss ich darüber schmunzeln: Das passt ja hervorragend zu diesem Buch! Denn es sind meine Reisen mit und zu mir selbst, die mich meine Bedürfnisse so klar erkennen haben lassen und mich die Dinge, die nicht gut für mich sind, sein haben lassen. Ich betrachte mich nochmals im Spiegel, sehe direkt in meine Augen und merke: Ich mag mich. Noch besser, ich liebe mich! Das macht vieles leichter und entspannter: im Umgang mit mir und auch mit anderen!

Verschwenden Sie auf einer Reise mit sich selbst nicht die Zeit. Diese Tage und Stunden sind wertvolle Gelegenheiten, sich Ihrer Unabhängigkeit und Selbsterkenntnis bewusst zu werden. Es ist eine Zeit, in der man heilen, die eigenen Prioritäten neu setzen und ein neues Selbstgefühl entwickeln kann.

Sie haben die Chance, sich selbst zu finden, also mehr über sich selbst herauszufinden. In mancher Hinsicht kann dies schmerzhaft sein, aber letztendlich wird die Fähigkeit, allein zu sein, eine Offenbarung sein. Sie öffnen sich für sich selbst und Ihre Bedürfnisse: Dies ist der wichtigste Schritt auf Ihrem Weg zur Selbstverwirklichung.

In unserer Gesellschaft gibt es die Idealvorstellung, mit jemandem das Leben zu teilen und sich gemeinsam weiterzuentwickeln. Die Vielzahl an Singles zeigt jedoch eine völlig andere Wirklichkeit. Meiner Meinung nach ist es völlig sinnlos, den „Richtigen“ oder die „Richtige“ zu suchen. Es ist besser, zu finden. Das Einzige, das Sie bewusst bei Ihrer Partnerwahl tun können, ist: Jemanden zu finden, der sich seiner selbst bewusst ist, sich selbst liebt und nicht im

Widerstreit mit sich selbst ist. Er oder sie sollte sich darauf einlassen können, die notwendige Selbstreflexion für eine dauerhafte Liebesbeziehung zu leisten.

Sind Sie derzeit Single? Dann können Sie sich auf eine Reise zu zweit vorbereiten – und zwar allein. Denn eine gute Vorbereitung ist die Voraussetzung für jede erfolgreiche Reise. Eine Partnerschaft ist eine Reise zu zweit. Die Zeit, die Sie allein auf Ihren Reisen zubringen, ist dafür sehr wertvoll. Ich will Ihnen nicht zu viel versprechen. Denn diese Vorbereitung ist alles, was Sie als Alleinstehende oder Alleinstehender tun können. Doch andererseits ist dies auch eine wunderbare Chance: Solange Sie allein sind, können Sie den Prozess, ganz zu werden, einleiten. Ihr Ziel darf und soll es sein, „all-eins" zu werden.

Sie können die Wunden Ihrer Kindheit vielleicht nicht vollständig heilen. Auch die vernarbten Wunden, die schmerzhafte Beziehungen und Trennungen Ihnen beschert haben, lassen sich nicht gänzlich ungeschehen machen. Sie können aber Ihr unverwundetes Selbst durch eine Reise mit sich selbst und mit einer festen und innigen Bindung zu sich selbst wiedergewinnen. Jegliche Unverbindlichkeit ist fehl am Platz: Sie sollen und müssen sich selbst an die erste Stelle in Ihrem Leben setzen! Gehen Sie eine Verbindlichkeit mit sich selbst ein. Seien Sie ehrlich zu sich selbst. Jedes Sich-Ablenken und Sich-selbst-über-etwas-Hinwegtäuschen ist Selbstbetrug. Seien Sie absolut ehrlich zu sich selbst. Geben Sie sich selbst das Ja-Wort, alles für diese neue und innige Bindung zu tun!

Der Lohn – der große Gewinn für Sie – ist wirkliche Liebe! Dafür müssen Sie sich auf den Weg machen. Und für diese Reise gibt es keinen Reiseleiter. Und sie ist in keinem Katalog zu finden, sondern muss ganz individuell von Ihnen selbst kreiert werden. Niemand wird Ihnen diese Arbeit abnehmen können. Sie werden auf sich selbst gestellt sein, weil

Ihre Partnerschaft zu Ihnen selbst ganz einmalig ist. Dafür sind Sie in dieser Partnerschaft völlig unabhängig, haben freie Gestaltungsmöglichkeiten und dürfen sich ganz nach Ihren Bedürfnissen und Wünschen richten.

Leben Sie in einer Beziehung? Haben Sie einen Partner an Ihrer Seite? Auch dann ist es wichtig, dass Sie sich selbst bestens kennengelernt haben und lieben! Damit jeder von Ihnen mit all seinen Bedürfnissen und Ansprüchen nicht zurück bleibt. Verbringen Sie beide jeweils Zeit allein, die sie komplett unabhängig von Ihrem Liebsten gestalten. Wenn die Interessen des einen einfach nicht auf Gegenliebe beim anderen stoßen, unternehmen Sie sie besser getrennt voneinander. Schließlich haben Sie sich vor Ihrer Partnerschaft auch mit Gleichgesinnten zusammengetan, um Ihr Hobby zu genießen. Dies ist besser, als jemanden mitzuschleppen, der keinerlei Interesse daran hat.

Vergessen Sie nicht, wer Sie sind! Erinnern Sie sich an Ihre Stärken, und machen Sie sich auch Ihre Schwächen bewusst. Im Idealfall ergänzen sich diese in einer Beziehung mit den Eigenschaften des Partners, sodass Sie zu einem unschlagbaren Team werden. Aber: Kein Partner kann die Verantwortung dafür tragen, dass der andere zufrieden mit sich selbst ist. Dafür muss man in erster Linie selbst sorgen. Oft verschmilzt man in einer Beziehung zu einem Doppelpack, und die eigene Persönlichkeit fällt teilweise unter den Tisch. Sie müssen wissen, was Ihnen wichtig ist und versuchen, diese (Reise-)Ziele zu erreichen. Erinnern Sie sich ab und zu an Ihre Singlezeit zurück. Wie wurden Sie beispielsweise auf einer Reise von anderen wahrgenommen? Wie traten Sie vor Fremden auf? Was waren Ihre Stärken?

Ein zufriedener Mensch ist ungemein sexy! Das ist jemand, der sich seinen Leidenschaften widmet, anstatt sich selbst zu vergessen. Allein auf Reisen zu gehen hilft Ihnen, mit sich selbst eine L(i)ebe(n)spartnerschaft einzugehen und sich in einer Partnerschaft mit jemandem anderen weiterhin selbst treu zu bleiben. Am Reiseziel angelangt, sind Sie mit sich zufrieden und liebenswert: für sich selbst und dadurch auch für andere!

Beginnen Sie in diesem Augenblick, der ideale (Reise-) Partner zu sein. Nicht der ideale Partner für den oder die, sondern *der* ideale Partner. Sie werden sehr schnell merken, ob Ihnen dies gelungen ist. Sie haben einen ganz einfachen Maßstab: Seien Sie zuerst einmal sich selbst der ideale (Reise-)Partner. Und in dem Maße, wie Sie sich selbst ein idealer Partner sind, wissen Sie, wenn Sie am Ziel sind – wann Sie es erreicht haben. Die gute Nachricht: Sie können bereits in diesem Augenblick am Ziel sein. Sie müssen sich nur in Ihrem Inneren entscheiden. Fangen Sie einfach damit an, sich selbst ab jetzt dieser ideale Partner zu sein.

Sorgen Sie sich nicht um andere, auch nicht um Ihren etwaigen Partner an Ihrer Seite. Es geht in diesem Augenblick nur um Sie. Seien Sie gut zu sich, nicht nur einen Moment lang. Machen Sie sich bewusst, dass Sie sich selbst anvertraut sind. Sie sind bei sich wirklich in den besten Händen. Wenn Sie richtig im Einklang mit sich sind, wenn Sie gut zu sich sind, dann wenden Sie sich in dieser Stimmung dem Partner zu – oder auch dem möglichen zukünftigen Partner.

Ihr kurzer Weg zu sich selbst

- Seien Sie Ihr eigener Paulo Coelho: Achten und beachten Sie Ihre Seelenweisheit!
- Weichen Sie nicht vor sich selbst zurück: Stellen Sie sich den Herausforderungen des Lebens, und gehen Sie mutig weiter auf Ihrem Lebensweg!
- Denken Sie mit Freude daran: Ihr Reise- und Lebensziel ist es, Ihren Seelenplan zu verwirklichen. Stellen Sie sich in den Mittelpunkt Ihrer Lebensreise!
- Hören Sie in einer gelassenen Stimmung auf sich selbst und Ihre innere Stimme!
- Schreiben Sie Ihre Gedanken nieder und erlösen Sie sich dadurch von gedanklichen Endlosschleifen!
- Läuft etwas quer in Ihrem Leben? Durch das Schreiben begradigen Sie Ihren Lebensweg!
- Setzen Sie sich freudvoll in Bewegung: Wandern macht Spaß, durch Städte bummeln ebenfalls. Hauptsache, Sie genießen den Entdeckergeist in Ihnen!
- Falls Sie Single sind: „Suchen“ Sie nicht Mr. oder Mrs. Right. „Finden“ Sie jemanden, der sich bereits seiner selbst bewusst ist!
- Wenn Sie in einer Partnerschaft leben: Seien Sie sich ebenfalls Ihrer Bedürfnisse bewusst. Zufriedene Menschen sind sexy!
- Werden Sie in diesem Augenblick zu Ihrem idealen (Reise-)Partner!

Kapitel 10

SELBSTVERWIRKLICHUNG: DIE SCHÖNSTEN SOUVENIRS SIND BEI DER RÜCKKEHR IN UNS SELBST

Reisen mit leichtem Gepäck: Die wunderbare Leichtigkeit des Seins

„Leute mit leichtem Gepäck kommen am besten durchs Leben."
(Jakob Bosshart)

Der Sommer ist meine liebste Jahreszeit. Diese Monate bedeuten für mich Leichtigkeit und viele Sinnesfreuden. Alles ist in voller Pracht erblüht, die Ferienstimmung sorgt für entspannte Gesichter und das Draußen-Sitzen an lauen Sommerabenden erinnert an den sonnigen Süden: La dolce vita! Aber nicht nur in Italien wird das Leben mit Genuss zelebriert.

Ich bin in der Schweiz. Es ist ein heißer Tag, Ende Juli. Eine liebe Freundin hat mir freundlicherweise den Schlüssel für ihre Wohnung in Seefeld hinterlassen, einem äußerst elitären Stadtteil von Zürich. Mein nächstes Ziel ist nur 200 Meter entfernt. Ich ziehe meinen Bikini und ein leichtes rotes Sommerkleid darüber an und mache mich in Flip-Flops auf den Weg. Für mein bevorstehendes Vergnügen brauche ich nicht mehr.

Fünf Minuten später tauche ich in das klare und kühle Wasser des Zürchichsees ein und blicke auf die schöne Landschaft rund um den See. Es ist leicht nachvollziehbar, dass Zürich immer wieder als lebenswerteste Stadt der Welt gekürt wird. Übrigens in starker Konkurrenz zu Wien: Die beiden Städte eifern im alljährlichen Ranking zumeist gegeneinander um den ersten Platz.

Neben mir tummeln sich Familien, Kinder mit Schwimmreifen planschen munter drauflos. Ein paar Meter weiter entledigt sich ein gutaussehender 45-jähriger Mann seinem exklusiv geschnittenen Anzug. Dem Aussehen nach könnte er der CEO eines großen, börsennotierten Unternehmens sein. Akkurat geschnittenes Haar, graue Brille – alles an ihm wirkt dezent nobel. Die im Sonnenlicht wertvoll glitzernde Uhr bleibt am Handgelenk, als er ebenfalls ins Wasser geht und neben mir mit den ersten Schwimmtempi beginnt. Im nächsten Moment spritzt der kleine Junge der türkischen Familie, die rechts von uns am Ufer picknickt, mit seiner Wasserspritzpistole eine gewaltige Wasserladung in unsere Richtung. Wir sind beide kurz überrascht, dann lachen wir alle drei los. Für die nächsten Minuten ist es ganz egal, wer wie alt oder wie groß ist und wie viel Geld hat. Das einzige, das zählt, ist der Spaß, den wir drei miteinander haben. Eine Viertelstunde lang. Danach verabschiede ich mich und schwimme retour ans Ufer. Während meine Haut in der Sommersonne trocknet, sinniere ich über die wunderbare Leichtigkeit des Seins.

Um unsere Lebensreise mit Leichtigkeit zurückzulegen, empfiehlt es sich, jeglichen Ballast abzuwerfen. Doch was ist mit Ballast gemeint? Kennen Sie die beiden Begriffe Lessness (Wenigersein) und Downshifting (Zurückschalten)? Wenn wir lernen, mit weniger auszukommen, fühlen wir uns unbeschwerter und befreiter. Gibt es Momente, in denen Ihnen Überfluss zur Last wird? In denen Sie spüren, dass Sie von etwas zu viel im Leben haben? Und dass dieses Zuviel Sie unnötig belastet?

Lassen Sie uns diesem angesammelten Ballast zu Leibe rücken und entrümpeln wir Ihr Leben Stück für Stück. Am besten gehen wir dabei systematisch vor: Prüfen Sie zuerst, was Sie regelmäßig in Gebrauch haben, welche Dinge Ihnen wichtig sind und was für Sie nicht mehr notwendig ist. Es können kleinere oder auch ganz große Dinge sein.

Vielleicht sind es Kleidungstücke, die Sie nach der Rückkehr von Ihrer Reise aussortieren. Oder es sind alte Zeitschriften, die den Weg in die Altpapiersammlung schaffen. Manchmal können beim gedanklichen Aussortieren auch sehr weitreichende Erkenntnisse eintreten. Ich kenne eine Familie, die festgestellt hat, dass sie ihr Sommerhaus belastet. Es wurde zu einem Ort, den sie an Wochenenden und in den Ferien nur mehr aufsuchten, um es instand zu halten und zu reinigen. Also genau in der Zeit, in der die ganze Familie eigentlich den Wunsch hatte, die Freizeit zu genießen. Die Folge einer solchen Erkenntnis kann der Verkauf dieses Sommerhauses sein. In dem genannten Fall wurde seither stattdessen Jahr für Jahr an einem anderen schönen Platz ein Ferienhaus gemietet. Die ganze Familie entscheidet gemeinsam, wohin es gehen soll. So standen bereits Frankreich, Dänemark und zuletzt Italien in der Sommerzeit am Urlaubsprogramm.

Neben dem materiellen Ballast gibt es noch den ideellen Ballast, den viele von uns mit sich tragen, häufig sogar über sehr lange Strecken und viele Jahre. Das alles sind deutliche Botschaften, die nach einer inneren Inventur und nach Lösungen rufen. Unsere Sprache zeigt dies sehr klar: Probleme lasten auf den Schultern, und wenn etwas erfolgreich gelöst wird, fällt uns ein Stein vom Herzen. Welche Vorurteile, Ängste und Sorgen, die Ihnen ans Herz gewachsen sind, haben eigentlich schon längst ausgedient? Welche alten Verhaltensmuster werden noch angewandt, obwohl sie nicht mehr dienlich oder notwendig sind?

Belasten Sie sich bitte auch nicht mit Beziehungen und Freundschaften, die Ihnen nicht guttun. Oder mit Menschen, die Ihnen nicht mehr Gutes wollen. Der gesunde Nährboden für Freundschaft heißt Ausgewogenheit in einem für beide förderlichen Mit- und Füreinander. Gilt dies auch für die Freundin, die jahrelang jammert, aber noch nie etwas an der sie störenden Situation verändert hat? Oder den Freund, der während der Studienzeit für jeden spaßigen Unsinn zu haben war, aber Jahre später noch immer nicht den Ernst und die wahren Werte des Lebens begriffen hat?

Stellen Sie sich ein Zugabteil vor: Welche Ihrer Freunde würden Sie einladen, um mit ihnen durchs Leben zu reisen? Wer soll Sie weiter begleiten? Welche Charakterzüge sollten diese Menschen haben? Und welche Eigenschaften empfinden Sie an Ihren Freunden als liebenswert? Die Antworten auf diese Fragen können Sie im ersten Moment überraschen: Plötzlich wird Ihnen klar, dass der unstete und unzuverlässige Freund keinen Platz mehr in Ihrem Zugabteil hat. Sie empfinden sein Verhalten nur mehr als enervierend und belastend.

Sie müssen keinen Konflikt provozieren, um Freundschaften zu beenden. Es genügt oftmals, den anderen mit Leichtigkeit und gütiger Strenge in der Stimme nach dem Sinn in dessen Leben zu fragen. In dieser Art von Gespräch wird schnell klar, wo der andere steht und wohin Sie selbst sich weiterbewegen und weiterentwickeln wollen. Nach solchen Worten folgt oftmals – meist in Harmonie – ein Loslassen und unausgesprochenes und zugleich einvernehmliches Voneinander–Abschied-Nehmen. Ohne Groll und ohne Vorwurf. Denken Sie an die schönen Zeiten, die Sie miteinander hatten, und freuen Sie sich auf viele neue Menschen, die noch in Ihr Leben kommen. Einige davon werden als Freunde bleiben, Sie bereichern und inspirieren, schöne Momente mit Ihnen teilen und das Leben mit Ihnen genießen. Vielleicht sogar Ihr Leben lang.

Oder denken Sie an die Freundin, die das Leben als schwere Bürde ansieht. Sie absolviert jeden Tag mit Jammern und labt sich an Ihrer Lebensenergie. Umgekehrt hat sie Ihnen schon jahrelang nicht mehr richtig zugehört oder sich mit Ihnen über Ihre Erfolge gefreut. Am Ende des Tages stellen Sie fest: Diese Freundin ist zu einer wahren Energieräuberin geworden. Jemand, der Sie mit seinem eigenen Lebensgepäck unnötig belastet, ohne auch einmal Ihre Päckchen mitzutragen. Auch diese Freundin sollte besser am Bahnsteig stehen bleiben, wenn Ihr Zug die Station verlässt und Sie auf Ihrem Lebensweg weiterreisen.

Vielleicht erkennen Sie auch, dass Sie Ballast von anderen tragen: Sorgen, Ängste oder Zweifel, die nicht Ihrem Naturell oder Ihrer aktuellen Lebenssituation entsprechen, Sie jedoch von anderen übernommen haben. Wir alle leben in Systemen. Das erste System, das wir kennenlernen, ist unsere Herkunftsfamilie. Welche Sichtweisen aus Ihrer Kindheit stehen Ihnen heute im Weg und lassen Sie selbst nicht vorankommen? Als systemische Aufstellerin habe ich in vielen Beratungen kleine Wunder erleben dürfen: immer dann, wenn Belastungen aus dem System aufgelöst wurden und diese Lösung für den Klienten in Form von Leichtigkeit empfunden wurde. Nutzen Sie die Zeit auf einer Reise allein, um in sich hineinzuspüren und zu erforschen, wo Sie in Verhaltensmustern hängen geblieben sind, die Ihnen nicht mehr entsprechen. Oder die Ihnen gar nie entsprochen haben, weil Sie diese von anderen übernommen haben. Mein Tipp für Sie: Suchen Sie sich nach Ihrer Rückkehr einen Berater Ihres Vertrauens. Besser einmal im Leben einen guten Coach aufsuchen, als lebenslang Ballast von und für andere zu tragen. Ihr Berater wird Sie von diesem alten Gepäck – bestehend aus Ängsten, Sorgen und Zweifel anderer – befreien und mit Ihnen gemeinsam ein adäquates Rüstzeug für Ihr weiteres Leben erarbeiten. Machen Sie es sich leicht: Passen Sie gut auf sich auf und wählen Sie mehr Leichtigkeit für Ihr Leben. Das haben Sie sich verdient!

Von A bis Z: Ihre Souvenirs sind nun komplett

„Ein Souvenir (zu französisch souvenir ‚sich erinnern' in der Bedeutung ‚Erinnerungsstück', dann speziell ‚Mitbringsel') ist ein Gegenstand, den man als Erinnerung an ein bestimmtes Ereignis, einen Ort oder eine Person mitnimmt und aufbewahrt."
(Definition entnommen von Wikipedia)

Es ist halb zwei Uhr morgens. Ich bin durchgehend seit sechs Uhr früh munter. An sich wäre dies nichts Besonderes. Und doch ist dies ein ganz einzigartiger und zugleich eigenartiger Moment: Es ist dunkel. Nur an manchen Stellen schimmern Bahnen in glühendem Rot auf dem Boden. Es sind ein paar tausend Menschen rund um mich. Genauer gesagt: fünftausend!

Das Seminar des amerikanischen Motivationsgurus Anthony Robbins ist gut besucht.

Zu Mittag hatte das „Unleash the Power within"-Training begonnen. Anthony Robbins ist dafür berühmt, dass er ohne Unterbrechung oder einer kurzen Pause auf der Bühne steht. Zwölf Stunden später bin ich noch immer inmitten dieser Menschenmenge in dem Veranstaltungszentrum in New York. Anthony Robbins ist fit wie zu Beginn. Ich wäre normalerweise um solch eine Uhrzeit todmüde. Nicht heute! Ich spüre eine unbändige Lebenslust in mir und zugleich weiß ich, dass meine nächsten Schritte auf dieser Reise allein mit mir und zu mir selbst mich wieder einmal aufs Äußerste fordern werden: In ein paar Minuten werde ich das erste Mal in meinem Leben über glühende Kohlen laufen. Ich mache einen Feuerlauf! Mitten in New York. Mitten in der Nacht. Und inmitten von fünftausend Menschen. In ein paar Minuten würde ich mir selbst das größte Souvenir auf dieser Reise schenken: Meinen Mut für ein Projekt. Ich sage mir nochmals meinen Entschluss, den ich innerlich gefasst habe, laut vor: Wenn ich diesen Feuerlauf schaffe, dann schaffe ich es auch, ein Buch über das Alleinreisen zu schreiben. Wenig später stehe ich vor einer der glühenden Kohlenbahnen und höre das Wort „Go!" in meinem rechten Ohr. Und ich gehe, nein, renne los!

Wenn wir von einer Reise zurückkommen, haben wir zumeist Mitbringsel für andere mit dabei. Kleine Aufmerksamkeiten, die an weit entfernte Orte auf dieser Welt erinnern sollen, oder Leckereien, mit denen wir die Kultur eines anderen Landes kulinarisch mit nachhause bringen. Doch wie steht es mit einem Mitbringsel für uns selbst? Die Souvenirs auf den Reisen, zu denen Sie sich allein aufmachen, sind zahlreicher als viele annehmen. Lassen Sie uns doch gemeinsam einen Blick darauf werfen, was sich nach Ihrer Rückkehr alles an einzigartigen Souvenirs in Ihrem Gepäck befindet:

A: Eine Reise allein mit sich selbst trainiert Ihre **A**chtsamkeit: Ihnen selbst und anderen gegenüber. Da Sie allein auf Ihrem Weg sind, gibt es keinerlei Persönlichkeitseinschränkungen. Ihre Ehrlichkeit Ihnen selbst gegenüber wächst – und somit auch die **A**ufrichtigkeit. Sie können so sein, wie Sie sind. Und Sie werden auch so wahrgenommen, wie Sie sind. Dadurch gewinnen Sie auf ihrer Lebensreise an **A**uthentizität!

B: Ihre **B**esonnenheit und zugleich auch **B**egeisterung werden geweckt. Sie sind in Bewegung, geistig und körperlich. Durch das Entdecken Ihrer eigenen Persönlichkeit erkennen Sie Belastungen, die Sie unnötig mit sich herumschleppen. Sie selbst entscheiden, was Sie auf Ihrem weiteren Lebensweg mit im Gepäck haben wollen. Sie können diesen Ballast wie einen Rucksack, der Ihnen nicht mehr dienlich ist, abwerfen und hinter sich lassen. Ab jetzt reisen Sie mit leichtem Gepäck!

C: Reisenden sagt man nach, dass sie ein ganz spezielles **C**harisma hätten. Eine Ausstrahlung, die von Abenteuer- und Lebenslust geprägt ist. Ihre Reise mit Ihnen allein wird Ihr Charisma ganz von selbst zum Strahlen bringen!

D: Sie sind allein unterwegs. Niemand erkämpft für Sie den letzten Sitzplatz in der Wartezone zum Boarding. Keiner wird sich für Sie einsetzen, damit Sie ein schöneres Hotelzimmer bekommen. Und nur Sie selbst können dafür einstehen, dass Sie an einen besseren Tisch im Restaurant gesetzt werden. Die gute Nachricht: Das Meistern solcher Situationen stärkt Ihr **D**urchsetzungs- und **D**urchhaltevermögen! Und wenn die Dinge dann so klappen, wie Sie sich das wünschen, kehrt **D**emut ein. Das sind ganz stille Momente, in denen

Sie in sich eine tiefe Dankbarkeit für den gut zurückgelegten Weg und das bisher Erreichte empfinden.

E: Jede Entscheidung, die Sie auf einer Reise allein mit sich selbst treffen, muss auch von Ihnen allein getroffen werden. Ohne Austausch und ohne Verantwortlichkeit von jemand anderem. Das fördert Ihre eigene Entschlussfähigkeit. Nach der Rückkehr von solch einer Reise werden Sie bemerken, dass Ihnen Entscheidungen im Alltag viel schneller und leichter fallen werden. Und Sie werden vielleicht erstaunt sein, dass einige Entscheidungen danach völlig anders ausfallen. Nämlich ganz in Ihrem Sinne und so wie es für Sie am besten ist. Viel Spaß beim Entscheiden und Entdecken Ihrer eigenen Person!

F: Viele fühlen sich eingesperrt in Lebensstrukturen, die ihnen nicht behagen. Oder sie fühlen sich beengt von den Erwartungen anderer. Auf jeder Reise, zu der Sie sich allein aufmachen, werden Sie ein unbeschreiblich großes Freiheitsgefühl erleben. Es ist die Freiheit, tun und lassen zu können, was Sie wollen! Sie können auch Ihre Flexibilität auf diesen Reisen erhöhen. In unserer Zeit ist ein hohes Maß an Flexibilität eine Gabe, die beruflich und privat eine große Ressource sein kann. Das Gefühl großer Freude und von einem inneren Frieden folgen zumeist solchen Empfindungen.

G: Die Gewissenhaftigkeit und Genauigkeit, mit der das Allein-unterwegs-Sein zu planen ist, lässt sich gut für den beruflichen und privaten Alltag nutzen. Zugleich fördern Sie ein anderes Persönlichkeitsmerkmal in sich: die innere Gelassenheit und Genussfähigkeit. Diese stellt sich ganz von allein ein, wenn Sie in Ihrem eigenen Rhythmus und in Ihrem Tempo Ihren Reiseweg beschreiten.

H: Wir haben zumeist Hochachtung vor anderen. Haben Sie aber auch Hochachtung vor sich selbst? Wenn Sie Außergewöhnliches schaffen – und dazu zählt es, allein eine Reise zu unternehmen –, steigert dies Ihre Hochachtung vor sich selbst immens. Sie schätzen sich und Ihre Talente und Fähigkeiten um vieles höher ein, wenn Sie auf Ihrem Lebensweg auch allein gut voranschreiten. Und sollten Sie einmal Hilfe benötigen, dann nehmen Sie diese dankbar an. Immer wieder werden Ihnen Menschen auf Ihrer Reise begegnen, die Ihnen Gutes tun wollen und Sie unterstützen. Dies zu erleben erhöht auch die eigene Hilfsbereitschaft anderen gegenüber. Last, but not least: Es gibt etwas, mit dem Sie jede Reise zu etwas ganz Besonderem machen. Es ist einfach mitzunehmen, lässt sich in jeder Situation gut gebrauchen und macht einfach Spaß: Humor! Er passt wirklich in jedes Reisegepäck. Und das Beste daran ist, dass Ihr Sinn für Humor mit jeder Reise, die Sie allein unternehmen, mehr wird – ohne Sie zu belasten. Ganz im Gegenteil: Ihr Leben fühlt sich mit einer guten und großen Portion Humor um vieles leichter an!

I: Wenn Sie allein unterwegs sind, leben Sie im Hier und Jetzt. Sie können besser auf Ihr Bauchgefühl achten. Viele Topmanager berichten, dass sie ihre besten Entscheidungen getroffen haben, wenn sie diesem siebten Sinn gefolgt sind. Sie haben auf Reisen die Möglichkeit, Ihre eigene Intuition zu schulen! Und Sie können Ihren eigenen Idealen nachgehen. Ein großes Geschenk, das Ihnen das Alleinreisen mit auf den Lebensweg gibt, ist das hohe Maß an Inspiration, das Sie erhalten werden. Wenn Sie auf sich selbst konzentriert sein können, ohne zwischenmenschliche Ablenkungen, erfahren Sie Denkanstöße und weiterführende Impulse viel intensiver.

J: Jähzorn oder Jammern werden nach der Rückkehr von Ihrer Reise mit sich selbst weniger geworden oder gar verschwunden sein. Wenn Sie Zeit mit sich allein verbringen, bemerken Sie, wie unsinnig und unnötig es ist, zornig zu sein oder zu jammern. Es würde nur auf Sie selbst zurückfallen und Ihre Zeit an schönen Orten auf dieser Welt vergällen.

Viel konstruktiver ist es, sich ein neues Verhaltensmuster zuzulegen: Jubeln und jauchzen Sie vor lauter Freude!

K: Kennen Sie das Gefühl von Verwirrung? In solchen Momenten ist der Wunsch nach Klarheit meist sehr groß. Das Unterwegs-Sein und Zeit-für-sich-selbst-Haben fördert diese Klarheit. Der Überblick über den aktuellen Status quo in Ihrem Leben ist das Geschenk, das Ihnen diese Art von Reisen geben kann. Manch einer spricht von Menschen, die allein und weit gereist sind, von Menschen mit einer besonderen Klugheit.

L: Das Reisen kann wunderbar genutzt werden, um schlechte Gewohnheiten loszuwerden. Das Loslassen fällt in einer Umgebung, die fern vom gewohnten Alltag ist, um vieles leichter. Dadurch kommt mehr Leichtigkeit in Ihr Leben! Noch etwas Schönes stellt sich ein: Auf Ihren Reisen sind Sie völlig auf sich selbst gestellt. Kein Jammern hilft, kein Nörgeln bringt Sie weiter und kein Raunzen löst Ihre Probleme. Einzig und allein Ihre Lösungsorientiertheit wird Sie sicher ans Ziel bringen. Und genau dieses lösungsorientierte Denken ist es, das sie Tag für Tag und Schritt für Schritt trainieren. Davon werden Sie im Alltag und in ihrem Berufsleben profitieren!

M: Den Mutigen gehört die Welt! Solche Sätze dürfen Sie sich als eines der schönsten Souvenirs auf Ihre Fahnen heften. Nach der Rückkehr von einer Reise, die Sie allein unternommen haben, werden Sie spüren, wie dieser Mut Ihnen Rückenwind für all Ihre Lebensprojekte schenkt! Auch die Mäßigkeit ist ein Thema, das durch das Alleinreisen in den Fokus gerückt wird. Was brauchen Sie wirklich? Und wovon haben Sie zu viel? Mit diesen Fragen während des Unterwegsseins lässt sich leicht das richtige Maß finden.

N: Es gibt etwas, das wir als Kind ständig sind: voller Interesse für die Wunder dieser Welt! In dieser Lebensphase widmen wir jeden Augenblick dem Entdecken unserer

Umgebung. Viel zu oft passiert es uns, dass wir diesen Entdeckergeist und die dazugehörige Neugier verlieren. Beides stellt sich beim Alleinreisen ganz von allein wieder ein!

O: Jegliche Ohnmachtsgefühle werden verschwinden. Diese entstehen in unserem Leben, wenn wir das Gefühl haben, keine Wahl zu haben. Auf Ihren Reisen, zu denen Sie sich allein aufmachen, werden alle Entscheidungen von Ihnen getroffen. Sie sind nichts und niemandem ausgeliefert und können sich frei entfalten: Erkennen und erleben Sie Ihre eigene **O**riginalität! Zu wissen, dass man originell ist, steigert auch die **O**ffenheit anderen gegenüber.

P: Auch wenn es guttut, in geistige Sphären abzugleiten, ist es wichtig, immer die Realität im Auge zu behalten. Um allein gut weiterzukommen, müssen Sie jegliche Aufgaben und Herausforderungen am Weg nicht nur theoretisch, sondern auch in der Praxis lösen. So werden Sie zu einem wahren **P**raktiker! Wie lautet das alte Sprichwort so schön: Zuerst die Pflicht, dann das Vergnügen. Und ein gut ausgeprägtes **P**flichtgefühl ist im Leben immer von Vorteil.

Q: Es gibt Menschen, die den Ursprung aller Energie als die **Q**uelle des Lebens bezeichnen. Nur Sie selbst können diese entdecken. Und nur Sie selbst wissen, mit welchen Schritten und an welchen Zielen Sie sich an diese Quelle anschließen können. Dies gelingt am besten, wenn Sie aus ihrem Alltag hinausgehen und sich auf die Reise mit und zu sich selbst machen. Dann erleben Sie das entspannte Fließen Ihres Lebensflusses, bestens verbunden mit der Quelle Ihres Lebens.

R: No risk, no fun! Dieser Spruch, den Windsurfer aus aller Welt gern als ihr Motto deklarieren, ist auch Ihr Lebensmotto auf einer Reise, die Sie ganz allein mit sich unternehmen. Das erste Risiko ist es, sich ohne Reisebegleiter und somit auch ohne Ablenkung zu einer Reise aufzumachen. Das zweite Risiko ist es, dass es niemanden gibt, auf den Sie die Schuld schieben können, wenn Ihre Reise ein Reinfall wird. Das ist das größte Risiko. Bei näherer Betrachtung werden Sie jedoch erkennen, dass dieses Risiko minimal ist. Jede Reise, die Sie allein mit sich selbst unternehmen, bringt Sie näher zu sich selbst. Egal wie beschwerlich, mühsam oder voller Hindernisse diese Reise auch sein mag: Ihre Risikobereitschaft wächst! Und dadurch auch Ihre Chancen, dass Sie sich jeden Tag aufs Neue auf den Weg zu Ihrem Lebensglück aufmachen. Mit viel Respekt sich selbst und anderen gegenüber.

S: Der Buchstabe S bringt Ihnen eine Vielzahl an Souvenirs. Diese sind auch die Titel der Kapitel in diesem Buch: Selbsterkenntnis, Selbstständigkeit, das Verschwinden von Selbstzweifel und der Gewinn von Selbstvertrauen, ein steigender Selbstwert und eine erhöhte Selbstsicherheit sowie eine wachsende Selbstliebe vereinen sich zu einer Selbstbestätigung, die Sie aufgrund Ihres neuen Selbstbewusstseins erlangen. Das Ziel Ihrer Reise und in Ihrem Leben wird ganz groß geschrieben: Es ist Ihre Selbstverwirklichung!

T: Das Eintauchen in fremde und unterschiedliche Kulturen lässt Ihre Toleranz anderen Lebensweisen gegenüber steigen. Zeit und Raum haben auf unterschiedlichen Kontinenten und in verschiedenen Ländern eine andere Bedeutung als in Ihrer Heimat. Die Aufgabe und Chance darin für Sie: Jeder von uns sollte in seinem Tempo leben. Es ist wichtig, dass Sie Ihre eigene Geschwindigkeit im Leben finden. Zwar ist es schön, Reisebegleiter an der Seite zu haben. Zugleich ist es auch erleichternd, von niemandem aufgehalten oder vorangetrieben zu werden. Das Gefühl, im eigenen Tempo unterwegs zu sein und voranzukommen, führt Sie zum richtigen Timing.

U: Ihr Urteilsvermögen wird geschärft und Unsinnigkeiten werden aus dem Tagesplan gestrichen. Wenn wir allein unterwegs sind, geschieht es ganz von selbst, dass wir jeglichen Unsinn von den wirklich wichtigen Dingen im Leben herausfiltern und sein lassen. Dazu zählt auch die Ungeduld. Denn warum sollten Sie Dinge tun, die keinen Sinn für Sie ergeben? Ihre Unabhängigkeit wird ebenfalls gestärkt. Sie können jederzeit in Ihrem Tempo und zu dem für Sie richtigen Zeitpunkt zu einer Reise aufbrechen – ohne darauf warten zu müssen, ob sich ein Reisepartner findet. Sie können auch ganz unabhängig von anderen Ihr Reiseziel bestimmen. Das klingt banal, ist es jedoch nicht. Viel zu oft passiert es, dass Reisende sich nicht auf ihrem eigenen Lebensweg befinden, sondern in Zweckgemeinschaften. Dem treten Sie mit Ihrer neuen Unabhängigkeit als Alleinreisende oder Alleinreisender energisch und freudvoll entgegen!

V: Sich selbst zu verstehen, zu sich zu stehen und dieses Verständnis sich selbst gegenüber zu bewahren, ist für viele eine Herausforderung. Mit jedem Schritt und jedem neuen Reisetag fördern Sie Ihr Verständnis für Ihre eigene Person. Wenn Sie erkennen, wie Sie ticken, werden Sie viel besser mit sich selbst umgehen können. Das Verzeihen sich selbst und anderen gegenüber ist ein große Gabe: Fördern Sie diese auf Ihren Reisen mit sich allein! Ihre Verantwortung sich selbst gegenüber wird ebenfalls geschult. Denn Sie sind sich selbst gegenüber verantwortlich, dass Sie Ihr Reiseziel auch wirklich erreichen. Und dieses Übernehmen von Verantwortung steigert auch das Vertrauen in sich selbst. Versprochen!

W: Unser Alltag ist oftmals hektisch. Es gibt viel zu tun und am besten ist es, wenn wir die Dinge schnell erledigen. Allein unterwegs zu sein bedeutet, dass wir für unsere Wahrnehmung Zeit haben. Sie werden bemerken, um wie viel reicher diese ist, wenn Sie allein reisen und Sie sich ganz intensiv mit Ihrer eigenen Wahrnehmung beschäftigen können. Am Ende der Reise werden Sie feststellen: Jene Wahrnehmungen, die Sie als wahr angenommen haben, werden von Ihnen als Erinnerung mitgenommen. Die innere Einkehr auf einer Reise mit sich allein schenkt auch Raum und Zeit für das innere Wachsen: Weisheit und Weitsicht können auf diese Art und Weise vermehrt in Ihr Leben gelangen.

Z: Sie werden sich auf niemand anderen verlassen, sondern ganz auf sich selbst: Ihre Zuverlässigkeit wird dadurch steigen! Um mehr über den Weg oder die Orte, die Sie bereisen, zu erfahren, werden Sie sich in der Kunst des Zuhörens üben. Und Sie werden mit Ihrem neuen Selbstvertrauen ganz selbstsicher jedes Ihrer Ziele, das Sie sich vorgenommen haben, erreichen: Diese Zielorientiertheit ist ein unermesslich großer Schatz, der Ihnen auf Ihrem Lebensweg jeden Tag dienlich sein wird!

Bei sich selbst angekommen: Vom Allein-Sein zum All-eins-Sein

„Wenn die Seele bereit ist, sind es die Dinge auch."
(William Shakespeare)

Vor sieben Jahren hatte ich auf ein Blatt Papier drei Lebensziele geschrieben; vor kurzem fielen mir diese Notizen wieder in die Hände. Darauf stand, dass ich ein Buch schreiben, als Journalistin interessante Menschen interviewen und Marrakesch bereisen wollte. Die ersten beiden Wünsche an mein Leben hatte ich mir selbst zu diesem Zeitpunkt bereits voller Freude verwirklicht. Mein drittes Lebensziel, das zugleich auch ein Reiseziel ist, war noch offen. Das machte mich im ersten Moment betroffen. Wie konnte es mir als Viel- und Gernreisende passieren, dass ich solch ein wichtiges Ziel in meinem Leben verpasst hatte? Warum hatte ich mich nicht schon längst auf den Weg nach Marrakesch gemacht? Als ich diesen noch offenen Wunsch las, wusste ich, dass es wichtig für mich war, diesen zu verwirklichen. Irgendetwas schien dort auf mich zu warten. So fühlte es sich jedenfalls an.

Zwei Wochen später: Ich lande in Marrakesch, lasse mich im schönen „Riyad el Cadi" nieder und mache mich auf zum Souk und dem bunten Treiben am „Platz der Gaukler". Verführerische Klänge tönen rund um mich aus den Flöten der Schlangenbeschwörer. Der Duft von Weihrauch schenkt der Luft eine Reinheit, die inmitten des bunten Treibens wohltuend wirkt. Ich bemerke ein ganz eigenartiges, einzigartiges Gefühl in mir. Zuerst bin ich überrascht und leicht befremdet. Dann weiß ich, was los ist: Meine Seele hüpft vor Freude! Ich bin ganz selig und lächle. Und die Welt lächelt zurück. Ich fühle mich zutiefst verbunden: mit mir selbst und mit all dem Leben rund um mich!

Allein-Sein bedeutet auch All-eins-Sein. Wenn wir uns dem bunten Treiben des Lebens hingeben, entdecken wir mit der Zeit, dass diese unfassbare Tiefe im eigenen Inneren uns etwas schenkt: Diese Tiefe schneidet uns nicht vom Lebensstrom ab, sondern ermöglicht uns einen neuen Anschluss an uns selbst und an das große Ganze. Dieses All-eins-Sein schenkt Kraft, Lebensfreude und Lebendigkeit. In diesem Moment in Marrakesch, dort am „Platz der Gaukler", habe ich meine innere Wahrheit, meinen ideellen Platz auf dieser Welt und somit meinen Lebenssinn gefunden. Ich fühlte mich angekommen und habe dies in mein Reisetagebuch niedergeschrieben:

„Ich bin davon überzeugt, dass es für alles, was geschieht, einen guten Grund gibt. Einerseits besteht die Menschheit zwar aus einzelnen Individuen, die über einen freien Willen verfügen und für ihre Entscheidungen die Verantwortung tragen. Zugleich beziehe ich ein großes Gefühl der Geborgenheit aus dem Umstand, dass wir Menschen, die Welt und alles, was geschieht, miteinander in Beziehung stehen. Daraus ergeben sich für mich auch bestimmte Verpflichtungen: Denn wenn wir alle Teile eines größeren Ganzen sind, müssen wir auch wohlwollend mit unserer Umgebung und unseren Mitmenschen umgehen, weil wir sonst letztendlich uns selbst Schaden zufügen. Auf dieser Überzeugung baut mein gesamtes Wertesystem auf. Deshalb bin ich anderen gegenüber um Verständnis bemüht.

Weil ich von der Zusammengehörigkeit der gesamten Menschheit überzeugt bin, übernehme ich oftmals die Rolle der Vermittlerin – als Coach, als Beraterin und auch als Autorin. Als Personal-Coach bin ich gern für Einzelpersonen eine einfühlsame Zuhörerin und Austauschpartnerin. In meinen Strategieberatungen vermittle ich Chefs und Mitarbeitern von Unternehmen oder Selbstständigen, dass sich hinter jedem manchmal noch so banalen Ereignis ein tieferer Sinn und ein systemischer Zusammenhang verbergen, der mit einer gemeinsam erarbeiteten Strategie eine positive Wirkungskraft entfalten kann. Und als Autorin von ‚Die Kunst, allein zu reisen und bei sich selbst anzukommen' habe ich strukturiert und mit großem Vergnügen beschrieben, wie jeder von uns bei sich selbst ankommen kann – in Form dieses Selbstcoaching-Tools für unterwegs. Das ist der Sinn *meines* Lebens."

Sieben Jahre zuvor war es eine Lebenskrise, die mich auf drastische Weise aufforderte, mich auf den Weg zu mir selbst aufzumachen. Um bei mir selbst anzukommen. Diese Reiseerfahrungen, die ich als die besten Souvenirs von A bis Z empfinde, durfte ich an Sie weitergeben und Sie mit diesen Buchseiten auf Ihrer Reise zu sich selbst begleiten und Ihnen als Reisebegleiterin zur Seite stehen. Aus eigener Erfahrung weiß ich: Jede Krise ist auch eine Gunst der Stunde. Wir haben in solchen Momenten die Chance, einen Blick auf unseren Lebenskompass zu werfen. Dieser Blick und unsere innere Stimme sagen uns, ob wir am richtigen Weg auf der Reise zu uns selbst sind. Wenn wir allein unterwegs sind, kann auf den unterschiedlichsten Plätzen auf dieser Welt ein Ort der Stille auf uns warten. Die Stille ist auf unserem Lebensweg zugleich der „Ort", an dem sich unsere innere Stimme als Wegweiserin und Reisebegleiterin durch unser Leben anbietet.

Manche bezeichnen eine Lebenskrise als Fieber der gekränkten Seele, die ihren Sinn nicht wirklich fühlt und tief in uns nach einem sinnvollen Leben verlangt. Der Weg zu unserem Lebenssinn kann als Reise mit uns allein erlebt werden. Auf dieser Reise kann sich unsere Seele zeigen. Wir erkennen, was sie beunruhigt und was sie beglückt. Und auch, was darauf wartet, endlich gelebt zu werden. Wir erleben uns ganz pur in den unterschiedlichsten Situationen und an den unterschiedlichsten Orten auf dieser Welt. Wir werden auf unser ursprüngliches Sein zurückgeworfen und bewegen uns zugleich auf dieser Reise vorwärts und auf uns selbst zu. Am besten, Sie tun dies mit viel Lebensfreude: Reisen macht Spaß und Sie kommen dabei mit sich selbst ins Reine! Das menschlichste aller Gefühle, das wir auf einer Reise mit uns allein in seiner ursprünglichen Form finden können, ist die Liebe. Die Selbstliebe führt uns unmittelbar zu unserer Mitte. Nichts befreit uns Menschen mehr, nichts erfüllt uns mehr, und nichts ist heilsamer als das Gefühl der Liebe. Lieben Sie sich selbst und Ihre Lebensreise auf dieser Welt!

Unser Lebenssinn ist das ursprünglichste Motiv menschlichen Lebens. Sinn ist das, was wir Menschen am meisten brauchen. Unsere persönliche Sinn-Erfahrung entscheidet über unsere Sichtweise und über unser eigenes Leben. Keine

Zeit, sagte einmal der deutsche Philosoph Martin Heidegger, habe so viel und so Mannigfaltiges vom Menschen gewusst wie die heutige, doch auch keine Zeit wisse weniger, was der Mensch sei, als die unsrige. Es sind somit die eigenen Erfahrungen unserer Sinne, die unseren Lebenssinn für uns erkennbar machen.

Das Orakel von Delphi, die griechische Pilger- und Weissagungsstätte, trägt einen Schriftzug am Tempel: „Erkenne dich selbst", steht dort geschrieben. Der Übersetzung dieses Schriftzuges wird auch eine andere Bedeutung zugeordnet: „Werde, der du bist."

Ein zweiter deutscher Philosoph, Arthur Schopenhauer, fasste dies in folgende Worte: „Ein Mensch muss wissen, was er will, und wissen, was er kann: Erst so wird er Charakter zeigen, und erst dann kann er etwas Rechtes vollbringen." Freiheit wird damit zum Wissen um die stärksten inneren Handlungsmotive: Der Mensch ist nur frei, wenn er zuerst einmal sich selbst erforscht hat. Weiß er einmal, was er wirklich will und was er auch zu leisten im Stande ist, so kann er, wenn er auf seinem Lebensweg weiterkommen möchte, bei vollem Bewusstsein verwirklichen, was seinem Charakter und seinen Talenten adäquat ist. „Werde, der du bist."

Niemand anderer kann für uns diese Reise und Suche nach unserem Lebenssinn machen. Wir können diese Aufgabe nicht delegieren und auch nicht für jemand anderen übernehmen. Wir dürfen und müssen diese innere Reise zu uns selbst und für uns selbst unternehmen. Ich möchte Ihnen an dieser Stelle nochmals das Buch des deutschen Psychotherapeuten Uwe Böschemeyer empfehlen:„Du bist viel mehr. Wie wir werden was wir sein könnten". Ich wünsche Ihnen, dass Sie sich mit viel Lebensfreude und leichtem Gepäck dazu aufmachen! Suchen Sie sich die schönsten und spannendsten Reiseziele aus. Das haben Sie sich verdient!

Es ist nicht die Zeit, in der wir leben, oder unsere Erziehung, die über uns entscheiden. Wirklich entscheidend ist, was wir selbst als wichtig und wertvoll empfinden – welche Werte uns wichtig sind! Sinnvolle und somit spezifisch humane Werte sind zum Beispiel der Mut, die Liebe, die Freiheit, die Hoffnung und die Spiritualität. Es ist auch wichtig, wohin wir uns auf die Reise machen, um diese Werte zu finden. Das Wort Schicksal drückt auf wunderbare Art unsere Lebensweise aus. Im Wortteil „Sal" steckt die sprachliche Beschreibung von dem „Los der Weisen". Damit werden wir mit unserem Schicksal auf unsere Lebensreise „geschickt", um unsere innere Weisheit zu finden: „Werde, der du bist."

Uns umgibt eine sichtbare und unsichtbare Welt. Wir leben in einer äußeren Realität und haben zugleich eine innere Wirklichkeit. Diese beiden Welten gehören zusammen. Wenn wir meinen, dass eine davon wichtiger ist, erkennen wir, dass nur beide Welten zusammen die Einheit des Lebens bilden. Wenn ein Mensch Zugang zu seiner inneren Welt findet, dann fühlt er, welche Gefühle ihn auf seinem Lebensweg hemmen und welche ihn fördern. Wir können nur ein erfülltes Leben führen, wenn wir mit unserer inneren Welt bewusst verbunden sind. Es ist ein Zusammenspiel der äußeren und inneren Welten, das unser Leben in seinen originären Lebensfluss bringt.

Kein Mensch gleicht dem anderen. Jeder hat eine unverwechselbare Geschichte seiner Lebensreise und ist deshalb nicht austauschbar, sondern einmalig und einzigartig. Wir können unser Leben nur dann voll bejahen, wenn wir so weit wie möglich den eigenen Weg gehen: Das bedeutet auch, dass letztlich kein Lebensweg von einem anderen Menschen beurteilt werden kann! Notieren Sie sich in Ihr imaginäres Reisetagebuch: Es geht immer um Sie selbst. Sie sind das wichtigste Reiseziel in Ihrem Leben. Der buddhistische Mönch Thich Nath Hanh formulierte dies so: „I have arrived – I am home. My destination is in each step.“ Jeder Schritt auf Ihrer Reise mit sich selbst und auf Ihrem Lebensweg bringt Sie an Ihr persönliches Ziel: „Werde, der du bist.“

Sie haben während des Lesens dieses Buches Städte, Orte, Länder und Kontinente in Wirklichkeit oder in Gedanken bereist, um sich selbst zu entdecken und dem nachzugehen, was Ihnen im Leben wirklich wichtig ist. „Die Kunst, allein zu reisen“ ermöglicht Ihnen, dass Sie sich frei und unabhängig zu den Reisezielen aufmachen, von denen Sie immer schon geträumt haben, und kann Sie zugleich zu Ihrem Lebenssinn führen. Sammeln Sie auf Ihren Reisen mit sich allein die schönsten Souvenirs für Ihre Selbstverwirklichung und kommen Sie gut bei sich selbst an!

Ihr kurzer Weg zu sich selbst

- Wie begegnen Sie dem Leben? Wählen Sie ein stärkendes Lebensmotto. Kurz und prägnant formuliert und dadurch kraftvoll in der Wirkung, wie etwa „La dolce vita“ oder „Das Leben ist ein Spiel, das mir zur Freude gemacht ist“.

- Wer oder was tut Ihnen gut? Besser, eine strenge Inventur zu machen, als sich lebenslang mit belastenden Freundschaften oder fremdem Ballast die Lebensreise schwer zu machen. Reisen Sie nur mehr mit leichtem Gepäck, das haben Sie sich verdient!

- Seien Sie nicht getrieben, sondern lassen Sie sich auf Ihrer Reise mit Ihnen allein treiben. Erkennen Sie Ihre Reise- und Lebensängste, und dass Sie auch mit diesen wunderbar sind!

- Nehmen Sie Mitbringsel für andere mit und reisen Sie allein, um sich selbst die schönsten Souvenirs für Ihre Selbstverwirklichung zu schenken. Nach Ihrer Rückkehr in den Alltag werden Sie Mut, Entschlossenheit und Durchsetzungskraft mit im Gepäck haben!

- Und als Bonus gibt es noch Folgendes: Eine klare Selbsterkenntnis und fundierte Selbstständigkeit, das Verschwinden von Selbstzweifel und der Gewinn von Selbstvertrauen, einen steigenden Selbstwert und eine erhöhte Selbstsicherheit sowie eine wachsende Selbstliebe vereinen sich zu einer Selbstbestätigung, die Sie aufgrund ihres neuen Selbstbewusstseins erlangen.

- Durch das Alleinreisen wird das Ziel Ihrer Reise und in Ihrem Leben ganz groß geschrieben: Es ist Ihre persönliche Selbstverwirklichung!

- Niemand anderer kann diese Reise und die Suche nach dem Lebenssinn für Sie absolvieren. Sie können diese Aufgabe auch nicht für jemand anderen übernehmen. Stimmen Sie sich auf Ihre wahre innere und äußere Welt und die für Sie passenden Werte ein. Es ist ein wichtiger Teil Ihres Lebens, sich auf den Weg zu sich selbst aufzumachen!

- Kommen Sie an, an den unterschiedlichsten Reisezielen und Orten auf dieser Welt. Und wenn Sie zugleich innerlich an Ihrem Platz im Leben ankommen: Halten Sie inne. Staunen und genießen Sie, was das Leben als Ihre Berufung für Sie parat hält!

- Die Welt dreht sich nur um Sie. Notieren Sie sich Ihren Lebenssinn: Diese Worte sollen ab nun Ihre Tatkraft stärken und Ihr steter Reisebegleiter auf Ihrem Lebensweg sein!

- Bereisen Sie die Welt, erfahren Sie mehr über sich selbst und sammeln Sie die schönsten Souvenirs für Ihre Selbstverwirklichung. Schon das Orakel von Delphi munterte uns dazu auf: „Werde, der du bist."

Nachwort

„Es gibt zwei großartige Tage im Leben eines Menschen: Den Tag, an dem wir geboren wurden, und den Tag, an dem wir entdecken, wofür.“
(William Barclay)

Ich sitze in einem Sessel, der meinem verstorbenen Großvater gehörte. Es ist die Zeit rund um den Jahreswechsel, und ich wähle diesen Platz, wenn ich entspannt innerlich Gedanken an mir vorbeiziehen lassen möchte. Ich halte Rückschau, was sich auf meiner Lebensreise im vergangenen Jahr alles ereignet hat: Welche Stationen mir besonders gutgetan haben, wohin es mich vielleicht erneut ziehen wird. Und ich blicke nach vorne in Richtung Zukunft: Was soll das neue Jahr für mich beinhalten? Wohin soll mein Weg führen? Für mich bedeutet dieser alte Ohrensessel viel; er weckt Erinnerungen an meinen Großvater. In meiner Kindheit saß er darin und beobachtete mich ruhig beim Spielen. Er redete nicht viel. Seine Lebensreise hatte ihn nach Stalingrad geführt, zehn Jahre lang war er in Gefangenschaft. Er konnte sich die Stationen seiner Lebensreise nicht frei wählen, wie ich es kann. Fast 70 Jahre Frieden in Europa sind eine Grundlage für glückliche Zeiten und ein sicherer Nährboden für eine mögliche Selbstverwirklichung.

In meinem Freundes- und Bekanntenkreis habe ich seit diesem Moment in Marrakesch, diesem tief empfundenen Moment des All-eins-Seins, in den vergangenen Wochen immer wieder gehört, dass man dieses Angekommensein auf meinem Gesicht ablesen könne. Die liebevolle Art und auch die Ehrfurcht und Wertschätzung, die mir für meine Veränderung gezollt werden, zeigen mir, dass dies als großes Kompliment gemeint ist, das ich gern annehme. Vielleicht war dies nach meinem Tag der Geburt dieser großartige zweite, wichtige Tag in meinem Leben? Dort am „Platz der Gaukler“, inmitten der Schlangenbeschwörer und Weihrauchverkäufer. Seit diesem Moment in Marrakesch weiß ich für mich mit großer innerlicher Klarheit, wofür ich auf dieser Welt bin.

Mit dem Verfassen dieses Buchs habe ich mich mit Ihnen nochmals selbst auf die Reise gemacht. In Gedanken sah ich all meine erwähnten Erlebnisse innerlich vor mir, habe meine Lebensstationen und wichtigen Weggabelungen neuerlich durchlebt und weiß in diesem Moment mit Sicherheit: Es waren genial schöne und bereichernde Reisen! Dieses Alleinaufbrechen hat sich zu hundert Prozent gelohnt: Ich sitze und spüre dieses All-eins-Sein und das innerliche Gefühl des Angekommenseins. Natürlich werde ich wieder auf Reisen gehen, allein und mit anderen. Es wird in meinem Leben auch weiterhin Momente geben, in denen das Leben mir Herausforderungen beschert und ich irritiert oder ratlos sein werde. Aber nur kurz: Weil ich mich sehr schnell wieder auf meinen Lebenssinn besinne. Ich kenne diesen nun und kann mich in mir und allein mit mir daran orientieren.

Zusätzlich gibt es noch diesen herrlichen Spaßfaktor, den das Reisen für mich beinhaltet. Für den Gewinn dieser Leichtigkeit und Lebensfreude hat es sich ausgezahlt, Abschnitte meines Lebenswegs zeitweise allein zurückzulegen und zu reisen, wie es mir selbst die größte Freude bereitet. Ich bin ein neugieriger, an der Welt interessierter Mensch: Jede Reise versetzt mich in diese ungemein elektrisierende Aufbruchsstimmung, die ich so sehr mag. Gleichzeitig trage ich eine innere Ruhe und Gewissheit in mir, nichts mehr suchen zu müssen, angekommen und zugleich weiter auf meinem Lebensweg unterwegs zu sein. Gepaart mit einer heiteren Gelassenheit und dem Wissen, immer zur rechten Zeit am rechten Ort zu sein. Mühelos fügen sich Begegnungen und Ortswechsel aneinander, eines unterstützt das andere. Heute treffe ich einen guten und langjährigen Freund aus London auf einen Kaffee in Wien. Er ist ebenfalls ein Viel- und Gernreisender und ich bin schon gespannt, welche neuen Orte er in den vergangenen Monaten entdeckt hat und was er berichtet. Umgekehrt schätzt er ebenfalls meine Erzählungen, Reiseerlebnisse und Einschätzungen weltweiter Entwicklungen. Wir werden sicherlich – wie immer – einen wertvollen Austausch miteinander genießen. Morgen Vormittag fliege ich wieder nach Berlin. Am Nachmittag kommt eine in New York lebende Klientin zu einem Coachingtermin. Wir kennen uns von meinen USA-Aufenthalten, und sie nutzt ihre Tage in Deutschland für ein berufliches Brainstorming mit mir. Das Jahr soll gut und mit einem fundierten beruflichen Plan für sie beginnen. Das ist ihr Anliegen und ich freue mich, sie auf ihrer Lebensreise begleiten zu dürfen.

Wie sehen Sie nach dem Lesen dieses Buches Ihre Lebensreise? Haben Sie sich innerlich auf eine Reise mit sich selbst gemacht und Neues entdeckt? Ich habe viele Stunden beim Schreiben dieses Buches an Sie gedacht und Sie von Herzen auf diesen Seiten mit vielen Worten bedacht. Danke, dass ich mich Ihnen verbunden fühlen und Sie ein Stück auf Ihrer Lebensreise begleiten durfte!

Wenn Sie weiter mit mir in Verbindung bleiben wollen, besuchen Sie mich auf meiner Coaching-Website. Ich freue mich, Sie wiederzusehen. Weitere inspirierende Anregungen, praktische Tipps und entspannende Meditationen zum Download warten dort auf Sie: www.katrinzita.com

Bon Voyage! Ihre *Katrin Zita*

Geschrieben in Wien, an einem besinnlichen Feiertag im Januar.

Literaturverzeichnis

Ariely Dan: Fühlen nützt nichts, hilft aber. Warum wir uns immer wieder unvernünftig verhalten. Droemer Verlag. 2010.

Asgodom Sabine: So coache ich. Kösel Verlag. 2012.

Barreau Nicolas: Du findest mich am Ende der Welt. Thiele Verlag. 2008.

Berger Alexandra: Welches Leben ist meins? Entscheidungen, die zu mir passen. Verlag Piper. 2005.

Bock Petra: Mindfuck. Warum wir uns selbst sabotieren und was wir dagegen tun können. Knaur Verlag. 2011.

Böschemeyer Uwe: Du bist viel mehr. Wie wir werden, was wir sein könnten. Ecowin. 2010.

Bösel Rainer: Warum ich weiß, was du denkst. Galila Verlag. 2012.

Bruker Max Otto: Zucker, Zucker. Krank durch Fabrikzucker. 2008.

Buckingham Marcus, Clifton Donald O.: Entdecken Sie Ihre Stärken jetzt! Campus Verlag. 2007.

Charvet Shelle Rose: Wort sei Dank. Von der Anwendung und Wirkung effektiver Sprachmuster. Junfermann Verlag, 2007.

Cunningham Jane, Roberts Philippa: Inside Her Pretty Little Head. A New Theory of Female Motivation and What It Means for Marketing. Marshall Cavendish Business Verlag. 2012.

Dahlke Rüdiger: Seeleninfarkt. Zwischen Burn-Out und Bore-Out. Wie unserer Psyche wieder Flügel wachsen. Scorpio Verlag. 2012.

Daspin Eileen: The Manhattan Diet. Verlag John Wiley & Sons. New Jersey. 2012.

Duhigg Charles: The Power of Habit. Why We Do What We Do in Life and Business. Random House. 2012.

Dweck Carol: Selbstbild. Wie unser Denken Erfolge oder Niederlagen bewirkt. Campus Verlag. 2007.

Gardner Howard: Abschied vom IQ. Die Rahmen-Theorie der vielfachen Intelligenz. Klett-Cotta Verlag. 2005.

Gilbert Elizabeth: Eat, Pray, Love. Berliner Taschenbuch Verlag. 2008.
Goleman Daniel: Soziale Intelligenz. Wer auf andere zugehen kann, hat mehr vom Leben. Droemer Verlag. 2006.
Gonschior Thomas: Auf den Spuren der Intuition. BR-alpha. Herbig Verlag. 2013.
Gruhl Monika: Das Geheimnis starker Menschen. Mit Resilienz aus der Überforderungsfalle. Kreuz Verlag. 2011.
Grün Anslem: Das große Buch der Lebenskunst. Was den Alltag gut und einfach macht. Herder Verlag. 2012.
Hemm, Dagmar: Die Organuhr. Gesund im Einklang mit unseren natürlichen Rhythmen. Verlag Gräfe und Unze. 2012.
Heintze Anne: Außergewöhnlich normal. Hochbegabt, hochsensitiv, hochsensibel: Wie Sie Ihr Potential erkennen und entfalten. Ariston Verlag. 2013.
Hendrix Harville: Ohne Wenn und Aber. Vom Single zur Liebe fürs Leben. Renate Götz Verlag. 2007.
Hoffmann Walter: Kraftquelle Angst. So nutzen Sie Ihr Frühwarnsystem. Überreuter Verlag. 2007.
Jellouschek Hans, Schellenbaum Peter, Wilber Ken: Was heilt uns? Zwischen Spiritualität und Therapie. Herder Spektrum Verlag. 2006.
Kanatschnig Monika: Einfach, achtsam, wirksam. Fokussiertes Führen in einer beschleunigten Arbeitswelt. Molden Verlag. 2012.
Kieran Dan: Slow Travel. Die Kunst des Reisens. Rogner & Bernhard Verlag. 2013.
Klein Stefan: Die Glücksformel. Rowohlt Verlag. 2002.
Krautwald Ulja: Die Geheimnisse der Kaiserin. Fernöstliche Strategien für Frauen. Piper Verlag. 2010.
Lipman Frank: Revive. Stop Feeling Spent and Start Living Again. Verlag Pocket Books. 2009.
Löhken Sylvia: Leise Menschen – starke Wirkung. Wie Sie Präsenz zeigen und Gehör finden. Gabal Verlag. 2013.
Menzel Stefanie: Die Kraft des Herzens. Ein heilenergetischer Weg zur Erweckung der Lebens- und Liebeskraft. Trinity Verlag. 2012.

Miedaner Talane: Coach dich selbst sonst coacht dich keiner. Mvg Verlag. 2000.
Nuber, Ursula: Das 11. Gebot. Mit Gelassenheit das Leben meistern. Knaur Verlag. 2010.
Patterson Kerry: Change anything. The new Science of Personal Success. Piatkus Verlag. 2011.
Pink David: Drive. Was Sie wirklich motiviert. Ecowin Verlag. 2009.
Pollmer Udo: Wohl bekomm's! Prost Mahlzeit! KiWi Verlag. 2006.
Röthlein Brigitte: Anleitung zur Langsamkeit. Piper Verlag. 2004.
Rubin Harriet: Soloing. Die Macht des Glaubens an sich selbst. Fischer Verlag. 2003.
Sandberg Sheryl: Lean In. Women, Work and the Will to Lead. Random House. 2013.
Salcher Andreas: Erkenne dich selbst und erschrick nicht. Ecowin Verlag. 2013.
Satir Virginia, Englander-Golden Paula: Sei direkt. Der Weg zu fairen Entscheidungen. Junfermann Verlag. 2002
Satir Virginia: Kommunikation, Selbstwert, Kongruenz. Konzepte und Perspektiven familientherapeutischer Praxis. Junfermann Verlag. 2004.
Schaffer-Suchomel Joachim: Du bist, was du sagst. Was unsere Sprache über unsere Lebenseinstellung verrät. Mvg Verlag. 2006.
Scheucher Gerhard, Steindorfer Christine: Die Kraft des Scheiterns. Eine Anleitung ohne Anspruch auf Erfolg. Leykam Verlag. 2008.
Scheuermann Ulrike: Das Leben wartet nicht. 7 Schritte zum Wesentlichen. Knaur-MensSana Verlag. 2011.
Schwartz Barry: Anleitung zur Unzufriedenheit. Warum weniger glücklicher macht. Econ Verlag. 2004.
Seneca: Über die Ausgeglichenheit der Seele. Reclam Verlag. 1984.
Stelzig Manfred: Keine Angst vor dem Glück. Ecowin Verlag. 2008.

Tracy Brian: Das Maximum-Prinzip. Mehr Erfolg, Freizeit und Einkommen – durch Konzentration auf das Wesentliche. Campus Verlag. 2001.

Wansink Brian: Essen ohne Sinn und Verstand. Wie die Lebensmittelindustrie uns manipuliert. Campus Verlag. 2008.

Watzlawick Paul: Anleitung zum Unglücklichsein. Piper Verlag. 2013.

Wehrle, Martin: Karriereberatung. Menschen wirksam im Beruf unterstützen. Beltz Verlag. 2007.

Weidner Christopher A.: Keine Zeit und trotzdem glücklich! Wie Sie die Kostbarkeit des Augenblicks entdecken und Ihren Rhythmus finden. Knaur Verlag. 2008.

Über die Autorin

Ing. Mag. **Katrin Zita** lebt in Wien und Berlin. Zehn Jahre an Tätigkeiten in der Architekturbranche und weitere zehn Jahre in der Medienwelt haben ihr vernetztes Denken auf eine besondere Art gefördert: Sie berät heute als Psychosozialer Coach für Hochbegabte und als Lebensberaterin im deutschsprachigen Raum Klienten mit den Schwerpunkten High-Potential, Leadership und Individual-Career. Für diverse Firmen ist sie in der Personal- und Persönlichkeitsentwicklung tätig und bringt als Spin Doctor neueste Erkenntnisse und Inspirationen von ihren vielen weltweiten Reisen in diese Unternehmen ein.

In „Die Kunst, allein zu reisen und bei sich selbst anzukommen" hat Katrin Zita ihre Profession als Reisejournalistin und Coach miteinander verwoben und ein Selbstcoaching-Tool für die freudvolle Selbstverwirklichung unterwegs geschrieben. Sie liebt es, Menschen auf ihrem Weg zu sich selbst zu unterstützen und zu begleiten. Ihr Motto: „Sich selbst und den tieferen Sinn der eigenen Lebensreise zu entdecken ist spannend und macht Spaß!" Auf www.katrinzita.com bietet sie weitere Tipps zum Thema Persönlichkeitsentfaltung an und steht Ihnen als Coach für eine Terminvereinbarung gern zur Verfügung.

Eva Woschitz-Rodler

Love on Air

Die Erfolgsstory einer blinden Moderatorin und ihrer Sendung

Constanze Hill ist seit 15 Jahren „On Air". Hörerinnen und Hörer vertrauen ihr die intimsten Liebesprobleme an und finden bei der blinden Moderatorin ein offenes Ohr.

Professionalität, Herz, Humor und klare Worte zeichnen den Stil der akademischen Sexualberaterin aus. Sie scheut sich nicht, heikle Themen offen anzusprechen und auch originelle oder verwegene Liebes- und Sextipps zu geben. Wer nie im Leben zum Therapeuten gehen würde, fragt Constanze.

In ihrem Buch erzählt sie über ihr unglaubliches Leben und bringt eine Fülle der berührendsten und verblüffendsten Geschichten ihrer Sendung.

Ein Liebesratgeber der besonderen Art!

GOLDEGG VERLAG

Hardcover 256 Seiten
Format 13,5x21,5cm
ISBN: 978-3-902903-81-5

Preis: 19,95 €

Bestellen Sie unter +43 (0) 1 505 43 76-30 oder per Fax: +43 (0) 1 505 43 76-20 oder unter verlag@goldegg-verlag.com